추전역을 아시나요?

현대수필가100인선 II · 81

추전역을 아시나요?

조 헌 수필선

수필과비평사·좋은수필사

■ 책머리에

  수필은 누구나 부담 없이 읽고, 마음만 먹으면 직접 쓸 수도 있는 가장 친근한 문학이다. 다른 영역의 문학이 영상매체에 밀려 신음하고 있는 중에도 수필 인구만은 날로 증가하여 바야흐로 수필 전성시대를 구가하고 있는 이유도 거기에 있을 것이다.
  시대적 추세에 힘입어 수많은 수필전문지, 수필동인지가 창간되고, 이에 비례하여 신진 수필가도 날로 늘어나다 보니 이제는 그 많은 작가, 그 많은 작품 중에서 문학성 높은 작품을 가려 읽는 일이 쉽지 않게 되었다. 이런 현상은 작가에게나 독자에게나 결코 바람직한 일이 아니다. 더 나아가서는 수필을 연구하는 후세들에게도 큰 부담이 될 것이다.
  이런 문제를 해결하는 데는 출판인도 마땅히 한몫을 감당해야 한다는 평소의 소신에 따라, 본사가 기꺼이 그 역할을 맡기로 했다. 그 첫 번째 사업으로 시대를 대표할 만한 수필가 100인을 선정하고, 작가가 자선한 40편 내외의 작품을 수록한 문고본을 발간하여 이를 널리 보급함으로써 그 소임을 다하고자 한다.
  본사는 사명감을 가지고 이 사업을 추진해 나가기로 했다. 작가 선정을 전담할 편집위원회를 구성하고 전권을 위임하여 일체의 사적인 정실이나 청탁을 배제함으로써 전문성과 공정성을 확보해 나갈 것이다.
  따라서 이 기획물 속에는 작가의 문학정신뿐만 아니라, 본사의 문학사적 기여 의지와 편집위원 제위의 수필문학에 대한 애정과 문인으로서의 양심이 함께 담겨 있음을 자부한다. 다만, 작가를 선정하는 기준에는 많은 견해의 차이가 있을 수 있고, 선정 과정에서도 미처 챙기지 못한 부분이 있을 것이라는 사실만은 인정하지 않을 수 없다. 이 점에 대해서는 관계자 여러분의 양해 있으시기 바란다.
 이 시리즈의 발간 순서는 작가, 또는 본사의 사정에 의한 것일 뿐 그 밖의 어떤 기준도 적용하지 않았음을 밝힌다.
 본 기획물이 시대를 초월한 많은 수필 애호가들의 관심과 애정 속에 우리나라 수필문학 발전에 한 이정표가 되기를 바랄 뿐이다.
 본사에서는 이상과 같은 취지로 ≪현대수필가 100인선≫ 전 100권을 완간하여 큰 반향을 불러일으킨 바 있다.
 그러나 우리 수필문단의 규모나 수필문학의 수준에 비추어 선정 작가를 100인으로 한정하는 것은 형평성이나 효율성 면에서 크게 부족하다는 의견이 많았고, 본사 또한 이를 통감하던 터라 기꺼이 ≪현대수필가 100인선Ⅱ≫를 발간하기로 했다.
 본사의 충정에 찬동하여 출판에 응해주신 저자 여러분에게 진심으로 감사한다.

2014년 9월 일

수필과비평사 · 좋은수필사 발행인 서 정 환
현대수필가 100인선 간행 편집위원 박 재 식 최 병 호
정 진 권 강 호 형
오 세 윤

| 차례 |

1_부 노크 좀 해줘요

열댓 숟갈에 담긴 사랑 • 12
추전역을 아시나요? • 17
노을빛 동행 • 22
천년, 그 사랑의 깊이 • 28
가슴에 박은 못 • 33
노크 좀 해줘요 • 38
두 엄마의 눈물 • 44
나는 마루타? • 50
행복한 개털족 • 55
다시 태어나도 내 딸의 어머니였으면 • 61

2_부 여전히 간절해서 아프다

갈색, 그 향기 • 68
절반만 지킨 약속 • 73
시간은 독이다 • 80
봄, 그 속을 걷다 • 84
어르신, 무너지다 • 88
시루떡과 개량 한복 • 94
여전히 간절해서 아프다 • 99
호랑이 고기를 먹다 • 103
알뜰한 당신 • 108
달걀 한 판 • 114

3_부 모든 벽은 문이다

침묵의 매 • 120
모든 벽은 문이다 • 126
비닐봉투 속 손목시계 • 131
생인손 • 136
명배우는 태어나는 것인가? • 142
따뜻한 손 • 147
홍합미역국 • 153
키 작은 해바라기 • 158
시린 시대를 살다 • 165
밥이 지팡막대라 • 170

4_부 구름 속에 머문 기억

수행의 문 • 176
깨달음 향기가 되다 • 181
눈만으로도 정이 든다 • 185
한 생각 돌이키면 • 190
구름 속에 머문 기억 • 194
세월은 힘이 세잖아 • 199
하늘로 부친 찬합 • 204
민들레는 피고 지고 또 피고 • 210
팥칼국수 • 216
나는 이렇게 들었다 • 220

◼ 작가 연보 • 225

 부

열댓 숟갈에 담긴 사랑
추전역을 아시나요?
노을빛 동행
천년, 그 사랑의 깊이
가슴에 박은 못
노크 좀 해줘요
두 엄마의 눈물
나는 마루타
행복한 개털족
다시 태어나도 내 딸의 어머니였으면

열댓 숟갈에 담긴 사랑

 '엄마'라는 단어의 동의어同義語 중에 '고향'이란 말을 넣을 수 있다면, '엄마'의 심리적 유의어類義語 속엔 '따뜻한 밥 한 그릇'을 포함시켜도 되지 않을까? 우리가 고향을 떠올릴 때마다 넉넉한 엄마의 품을 느끼는 것처럼, 허기져 지치고 고달플 때 고슬고슬 따뜻하게 지어진 밥 한 그릇은 언제나 푸근한 엄마의 마음을 떠올리게 한다. 내게도 밥 때문에 영원히 잊을 수 없는 엄마에 대한 속 아픈 기억이 있다.
 "얘야, 이젠 일어나야 하는데 딱해서 어쩌니! 가엾어서 이를 어째!" 엄마는 아까부터 내 방 앞에서 통사정을 하고 계셨다.
 고등학교 3학년 때였다. 새벽 4시 40분, 입시학원의 새벽반 수강을 위해 날 깨우던 엄마는 일어나질 못하고 쩔쩔매는 나에게 '가엾어서 어쩌니!' 소리만 반복하며 맥없이 서 계셨다. 하지만 한창 나이에 쏟아지는 잠은 쉽사리 나를 놓아주지 않았다. 냉큼 일어나면 좋으련만 마냥 께적대는 나 때문에 방과 부엌 사이를 몇 번이나 오가며 엄마는 애를 끓였다.

한참이나 엄마의 진을 뺀 나는 벌컥 방문을 열어젖히고 "어쩌긴 뭘 어째! 일어났다니까!" 눈도 제대로 뜨지 못한 채 신경질을 있는 대로 부리면 엄마는 죄지은 사람처럼 한쪽으로 비껴서며 안타까워 연신 혀를 찼다.

비몽사몽간에 겨우 얼굴에 물을 찍어 바르고 정신없이 책가방을 싸고 있을 무렵, 어이없는 일이 한 번 더 벌어졌다. "한 술이라도 뜨고 가야 해. 속이 든든해야 덜 추운 법이야." 자식들에게만은 더운밥 먹이는 것을 철칙으로 아셨던 엄마는 따끈한 국과 이제 막 지은 밥을 내오는 거였다. 지금처럼 간편한 조리기구가 있던 시절도 아니고 그저 연탄불이 아니면 답답하기 짝이 없는 석유곤로가 고작인 시절에 왜 이리 생고생을 하시는지 도무지 이해가 되질 않았다.

"누가 이 시간에 밥 먹겠다고 했어! 도대체 지금이 몇 신데 이걸 들고 와요?" 잔뜩 암상을 떨며 소리를 지르면 "빈속으로 보내고 나면 온종일 맘이 상해서 그래. 어서 잠깐 입이라도 다시고 가!" 엄마의 말은 차라리 애원에 가까웠다. 하지만 당시 난 왜 그리도 철딱서니가 없었는지, 몇 숟갈 먹는 흉내만 내도 좋았으련만 번번이 엄마의 말을 귓등으로 들으며 후다닥 대문을 나서기가 일쑤였다. 그러면 신발도 신지 못한 채 쫓아 나온 엄마는 '원기소' 한 주먹을 주머니에 찔러주었다. '원기소'는 그때 유행하던 영양제로, 반쯤 졸면서 씹어 먹던 그 고소한 맛이 아직도 입에 생생하다.

그러던 며칠 후, 나를 꼼짝 못하게 만든 일이 벌어졌다. 갑자기 기온이 뚝 떨어진 어느 날 새벽이었다. 그 날도 여느 때처럼 한바탕 법석을 떤 후에야 겨우 일어나 학원 갈 준비를 하는데 엄마는 또 밥상을 들고 들어왔다.

그러나 그날 엄마가 들고 온 상엔 여느 날과는 달리 상보床褓가 얌전히 덮여있었다. "아침밥이 웬만한 보약보다도 낫다는데 도대체 먹질 못하니 어쩌면 좋을지 모르겠네!" 밥상을 내려놓고 숭늉을 가지러 간 사이, 이건 또 뭔가 싶어 나는 무심코 상보를 들춰 보았다. 순간 목구멍에 무언가 울컥 치미는 것을 느끼며 방바닥에 털썩 주저앉고 말았다. 놀랍게도 밥상엔 열댓 개가 넘는 수저가 줄지어 놓였는데 수저마다 일일이 밥을 퍼 그 위에 반찬을 올려놓은 것이 아닌가. 생선살과 나물 그리고 장조림과 김치까지 골고루였는데 반찬이 올려져 있지 않은 서너 개의 수저 옆에는 갓 구운 김이 댓 장 놓여있었다. 나는 그만 눈물이 핑 돌았다. "떠 놓은 수저들이나 비우고 가! 오늘은 날이 추워 꼭 먹고 가야 해!" 엄마는 굳게 맘을 먹은 듯 옆에 앉아 단단히 채근을 하는 거였다. 난 그만 먹먹한 가슴을 주체할 수 없어 아무 말도 하지 못한 채 수저 위에 놓인 밥을 꾸역꾸역 다 먹었다.

"엄마! 낼부턴 이러지 마! 내가 꼭 먹고 다닐게. 알았지요!"
그날도 '원기소' 한 움큼을 들고 쫓아 나온 엄마에게 나는 말했다.

엄마는 자식에게 밥을 주는 존재다. 우리는 누구나 엄마의 뱃속에서 열 달 동안 밥을 받아먹었고, 세상에 나와서도 엄마의 젖을 먹고 자라며 그 후에도 엄마가 만들어 주는 밥을 먹고 크게 된다. 이렇듯 엄마는 자식이 뱃속에 있을 때부터 음식을 서로 나누는 사이였기에 자식의 밥에 유별난 관심을 쏟는 것은 아닐까.

내가 군대생활을 하던 3년 동안 하루도 거르지 않고 끼니마다 내 밥을 부뚜막에 떠놓으며 배곯지 않기를 기원했다는 엄마! 그리고 제대해 돌아올 때까지 매번 그 식은밥을 드셨다던 엄마의 정성! 그건 아마 관심을 넘어 집착에 가까운 것이며, 이 끝없는 근심이야말로 엄마에겐 끊을 수 없는 탯줄처럼 자식과 연결된 고리일 것이다.

옛날 중국에 양보楊補라는 청년이 도를 닦으러 집을 떠났다고 한다. 사천으로 가던 중, '어디를 가느냐?'고 묻는 노인을 만났다. 양보가 '무제보살無際菩薩의 제자가 되러 가는 길'이라 했더니 노인은 '보살을 찾아가느니 차라리 부처를 찾아가는 것이 나을 것'이라고 했다. 양보가 '그 부처가 어디 있는지 가르쳐달라'고 하자 노인은 이렇게 일러 주었다. "지금 당장 집으로 가면 이불을 뒤집어쓰고, 신발을 거꾸로 신은 채 뛰어나오는 사람이 있을 걸세. 그분이 바로 부처님이라네." 양보가 집으로 돌아오니 때는 이미 한밤중이었다. 문을 두드리자 어머니는 옷 입을 새도 없이 담요를 둘둘 말아 몸을 가린 채 신을 거꾸로 신고 뛰어나왔다. 그때서야 양보는 '부처는 집안에 있음[佛在家中]'을 깨닫고 엎드려 큰절을 올렸다고 한다.

지난 '어버이날'이었다. 바쁘다는 핑계로 오후가 돼서야 부모님을 찾아뵈었다. 볼 때마다 내 기색을 꼼꼼히 살피는 엄마는 "하는 일이 힘들어서 그러냐? 얼굴이 덜 좋아 보이네. 밥은 제대로 먹고 다니는 거지?"라며 등을 쓰다듬는다.

그날마저도 어김없이 나의 부처님께선 '세상에서 가장 무거운 짐은 자식이라는 짐일 게다.'라며 한결같은 마음으로 내 밥을 걱정하고 계셨다.

추전역을 아시나요?

　겨울 저녁 어스름, 눈이 올 듯 잔뜩 흐린 추전역에서 병상에 누워 계신 아버지를 보았다. 역사驛舍 건너편 여기저기 쌓여있는 석탄더미, 주변은 온통 탄가루를 뒤집어 쓴 채 시커멓다. 높고 험하다는 함백산과 매봉산이 이웃 동산처럼 만만해 보이는 곳. 기차역이라고는 하지만 기다리는 승객은 아무도 없다. 한적하다 못해 적막함이 감도는 하늘 아래 첫 역, 내게 추전역은 뭉근한 아픔이었다.
　추전역을 아는 사람은 그리 많지 않다. 강원도 태백시 화전동에 위치한 이 역은 우리나라에서 가장 높은 역이다. 63빌딩의 세 곱에 다시 63m를 더한 높이. 입구엔 '추전역 해발 855m'란 은빛 표지판이 바람에 덜렁대고 있다.
　현재는 이용객이 없어 여객업무를 중단한 지 20년이 넘는

다. 추전역을 오가는 하루 50여 대의 열차 중, 이곳에 정차하는 것은 단 두 대. 제천과 영주를 오가는 무궁화호 열차가 아침저녁으로 한 번씩 섰다 가지만 승객은 없고 물품 수령이나 출퇴근하는 직원들만이 타고 내릴 뿐이다. "역을 보기 위해 드물게 찾아오는 관광객들도 모두 승용차를 이용하지, 기차를 타고 오는 사람은 없어요." 가으내 바짝 마른 맨드라미를 뽑아 거두던 나이든 역무원은 느린 말투로 이야길 했다.

지난 1980년대중반만 해도 추전역 부근이 이렇듯 사람 귀한 곳은 아니었다고 한다. 역 주변으로 30여 채의 민가가 자리해, 해질녘 저녁 짓는 연기가 모락모락 피어오르면 제법 그 정경이 푸근했다고 전한다. 그러나 쉰 개가 넘던 광업소들이 하나 둘 문을 닫게 되고 겨우 세 곳만 남아 그 명맥을 유지하게 되자 일손을 놓게 된 광부들은 뿔뿔이 흩어지고 지금은 텅 빈 집들만이 추레한 사당祠堂처럼 허물어지고 있었다.

역 앞 좁은 마당엔 일찍 어둠이 내려앉았다. 휑하니 부는 바람은 마른 나뭇가지 사이를 내달리며 신음소릴 내고, 가쁜 기적소릴 울리며 지나는 화물열차는 칙칙한 건너편 골짜기를 뚫고 사라져 버렸다. 화전민이 떠난 묵밭에 싸리나무가 지천이라 '추전'이라고 불렀던가! 이곳의 쓸쓸함은 이제 모든 소임을 마치고 사라짐을 준비하는 비감悲感 그 자체였다. 시간이 그대로 멈춘 듯, 추전역은 돌아앉은 아버지의 처진 어깨처럼 힘없이 가라앉고 있었다.

두어 달 전이었다. 어머니의 다급한 전화 목소리에 혼비백산 부모님 댁으로 달려갔다. 아버지가 쓰러지신 거였다. 저녁을 잘 잡숫고 잠자리에 들 무렵, 무심코 일어서던 아버지가 그만 어찔하며 정신을 잠시 놓치신 모양이었다. 구급차를 타고 간 병원의 재빠른 조치 덕분에 위기는 용케 넘겼지만 달포 이상을 병원에 계셔야 했다.

아버지의 병실을 지키던 보름 전 오후, 병실 창문 너머로 조락(凋落)의 가을을 보았다. 바짝 마른 가을 햇빛, 온산을 물들이던 낙엽도 이젠 끝물인지 스산한 바람에 여기저기 나뒹굴고 잿빛 하늘엔 작은 새 한 마리가 길게 반원을 그리며 날아갔다. 채색화 같던 건넛산이 어느덧 짙은 수묵화로 변해가고 있었다.

이때 문득 고개를 돌려 바라본 병실 안. 하얀 침상 위에 웅크린 채 누워계신 아버지의 모습이 마냥 외롭고 낯설었다. 벽을 향해 돌아 누운 아버지는 뼈대를 고스란히 드러낸 산등성이처럼 허전했고 병실 깊숙이 파고든 초저녁 햇볕이 노을처럼 서글펐다.

아버지는 내게 든든한 산맥이었다. 고향이 이북인지라 한국전쟁 당시 월남해 삼남매를 낳아 기르며 가정을 일구셨다. 달랑 등에 지고 나온 피난보따리 하나에 의지한 서울생활이 얼마나 팍팍하였겠는가? 먹을 것, 입을 것, 살 곳 모두가 걱정이었다던 그 시절, 요지부동 우리 가족을 지켜낸 뿌리깊은 나무가 아버지였다.

요즘 들어 부쩍 아버지라는 보통명사가 갖는 무게와 울림을 생각할 때가 많다. 격변의 근대를 거치면서 '아버지'가 함축하고 있는 수많은 삶의 서사와 역사성을 어떻게 다 표현할 수 있을까마는 정말 거칠고 험한 세상을 묵묵히 견디신 분이 아버지셨다. 그런데 이제 당신 생의 할 일을 거의 다 마쳤다고 생각하는 아버지는 모든 것을 내려놓은 듯 마른 짚단처럼 가만히 누워계셨다.

그토록 크고 울창했던 산속엔 해묵은 나무도 보이지 않고 새순 돋을 잔솔도 없다. 그나마 청태靑苔 속 숨겨진 난초마저 사라져버린 지금, 미소도 성냄도 애달픔도 즐거움도 없이 잦아드는 호흡에 미지근한 온기만이 남은 듯싶었다. 왕성했던 것은 반드시 쇠락하는 것이 세상 이치라고 했던가? "지는 해나 저녁 산의 아름다움 앞에 잠시 멈추고 '아!'하고 탄성을 지르는 것은 신성神聖(divinity)에 참여하는 것이다."라는 힌두경전의 한 구절을 속으로 뇌며 아버지를 오랫동안 바라보았다.

"아! 참! 조만간 눈이 오면 여기도 바빠져요. 비록 겨울 한 철이지만 관광객을 위한 눈꽃열차가 운행되면 몹시 붐비지요. 각지에서 몰려든 사람들에게 이 역은 존재만으로도 수많은 이야기를 들려줄 수 있답니다. 그러면 사람들은 모든 일을 온전히 마친 성자聖者의 뒷모습을 떠올리며 이곳을 오래 기억하지 않을까요?" 황량한 풍경에 애틋한 표정을 감추지 못하는 나에게 역무원은 위로하듯 말했다. 자신도 눈꽃열차를 기다린다며 넉넉하게 웃는 그를 뒤로하고 천천히 역을 내려왔다.
 집으로 돌아오는 길은 멀었다. 하지만 아버지께 드리고 싶은 말이 생각나 조급한 마음이 자꾸 길을 재촉했다. 도착해 뵙게 되면 '추전역을 아시냐?'고 물어봐야겠다. '낡고 보잘것없지만 단단히 그 자리를 지키며 옛날을 이야기하는 노인 같은 역을 아시냐?'고 여쭙고 싶은 거였다. 그리고 아직도 우리를 위해 할 일이 남아 계심을 일러드리며, 올겨울 눈꽃열차를 타고 추전역을 함께 다녀오자고 두 손을 꼭 잡아드려야겠다.
 늙어도 아름다운 건 나무뿐만이 아니라는 것을 이젠 분명히 알 것 같았다.

노을빛 동행

 동행이란 말처럼 가슴을 따뜻하게 해 주는 단어도 흔치 않다. 때론 어깨를 나란히 하고, 더러는 두 손을 꼭 잡고 걷는 모습처럼 훈훈한 것이 다시 있을까. 더욱이 요즘같이 갈수록 거칠고 험해지는 인생길에서 앞서거니 뒤서거니 서로를 배려하는 동행이야말로 그 값이 훨씬 더 커지는 것은 아닐는지.
 이른 저녁을 먹고 집 앞길을 산책하다가 꼭 닮은 노인 두 분을 보았다. 하지만 언뜻 보아도 한쪽이 서너 살 가량 위로 보이고, 걷기가 조금 불편하신지 다른 한 분이 부축을 하곤 했는데 알뜰히 서로 챙기는 모습이 형제가 분명했다. 주변 건물들을 손으로 가리키며 이야길 나누셨는데, 두 분 다 일흔은 훌쩍 넘긴 듯 보였다. "형님! 꽤나 오래 살았던 곳인데도 전혀 모르겠네요. 우리가 여길 떠난 지도 그럭저럭 삼십 년이 넘었지요. 기억나세요? 저 은행건물 말이에요." 조곤조곤 이르는 말씨 속엔 정겨움이 한껏 배어있었다. "맞아! 그 뒤편으론 한약국이 있었고 그 옆이 냉면집이었지." 어눌하지만 천천히 대답하던 형님도 새록새록 기억을 되잡는 듯 연신 두리번거렸다. 가을 저녁, 다 저문 햇볕을 등에 지고 더디게 걷는 형제의 모습은 그림처럼 아름다웠다.

누가 됐든 노년의 시간을 더불어 보낼 사람이 있다는 것은 무척 다행스러운 일이다. 나이가 들수록 닮아가는 부부는 말할 것도 없고 같이 늙어가는 부자와 모녀 사이도 도탑긴 마찬가지다. 그리고 형제나 자매간도 오랜 시간을 함께하며 묵은 친구처럼 격 없이 지낸다면 얼마나 살갑고 흐뭇할 것인가.

나는 삼남매 중 둘째로, 형과 누이동생이 있었다. 체격이 나보다 훨씬 컸던 형은 내겐 항상 고맙고 넓은 그늘이었다. 흔히 몸집 큰 사람이 너그럽다지 않던가. 형은 유난히 주변 사람들에게 친절했고 무슨 일을 해도 팍팍한 사람이 아니어서 많은 이들이 좋아했다. 한 부모 밑 자식이라도 모든 게 어찌 그리 다른지, 그냥 한자리에 눌러 앉아 무슨 일에든 골몰하길 좋아하던 형에 비해 쏘다니기를 즐기며 자발없이 굴던 내가 응당 실수가 잦아 번번이 일을 내면, 형은 언제나 슬쩍 덮어주곤 금방 잊고 마는 품 넓은 사람이었다.

하지만 좋은 인품은 지녔지만 아쉽게도 타고난 명이 짧아 서른아홉, 이른 나이에 세상을 버렸다. 미인은 박명이라지만 속절없이 떠난 형의 빈자리를 메우지 못해 나는 꽤 긴 시간을 힘들어했다. 더욱이 부모 생전에 겪은 일이다 보니 감당하기가 훨씬 더 어려웠다. 애를 끊어내며 슬픔을 삭이는 부모의 처연한 모습을 보며, 아린 속을 얼마나 볶아댔는지 모른다. 그리고 또, 채 열흘도 앓지 않고 떠난 형의 죽음이 끝끝내 받아들여지지 않아 간간이 꿈을 꾸듯 정신이 멍해져 반년 넘게 병원을 들락거리기도 했다.

아마도 내가 형의 부재를 이렇듯 못 견뎌했던 것은, 어린 시절 넉넉지 못한 집안형편 때문에 형이 결혼해 분가할 때까지 줄곧 같은 방을 쓰면서 쌓인, 형에 대한 믿음이 산처럼 컸던 까닭인지도 모른다.

형이 있어 좋은 일은 부지기수였다. 각자 결혼을 한 후에도 대개의 집안일은 형이 흔쾌히 책임을 졌고, 그러다보니 나는 친척들의 경조사까지도 모르고 지내기가 다반사였다. 간혹 만나는 친척들에게 영문 모를 인사를 받을 때가 있어 알아보면 내게조차 말하지 않고 형이 대신한 부조금이나 부의금 때문이었다. 나중에 내가 뿌루퉁해하면 오히려 자기가 눈을 찡끗하며 웃는 적이 한두 번이 아니었다.

그런 형에게 내가 특히 더 고마웠던 점은 아버지 고향 군민회에 참석하는 일이었다. 실향민인 아버지께서는 절실하고 애틋하게 느끼시는 행사였지만 서울에서 태어나 고향에 대한 관심이나 그리움이 거의 없는 우리 형제로선 참석하는 일 자체가 여간 고역이 아니었다. 행사라고 해야 명예군수의 인사말을 포함한 몇 가지 의식에 이어 같은 면민들끼리 모여앉아 고향 얘기를 나누며 점심을 먹는 것이 고작이었다. 하지만 실향민 1세대들의 숫자가 점점 줄게 되자 모임의 활성화를 위해 의무적으로 2세들과 함께 참석해야 한다는 자구책을 마련하는 바람에 우리도 억지로 갈 수밖에 없었는데, 한 번도 불평 없이 참석했던 사람이 형이었다.

형이 세상을 떠나고 난 이듬해 봄. 어김없이 군민회가 열린다는 안내문이 배달되었다. 아버지께서 그걸 내보이며 같이 갈 뜻을 비치자, 이젠 나도 별 도리가 없었다. 형의 빈자리가 얼마나 큰지를 아쉬워하며 참석한 그 모임에서였다. 점심식사를 위해 자리를 잡으려 할 때, 마침 우리가 앉은 맞은쪽으로 나이 든 형제분이 나란히 앉았다. 수수한 차림새가 깔끔해 보이는 분들이었다. 이윽고 주최 측에서 제공하는 점심도시락이 돌려지고 음료수도 넉넉히 제공되었다. 반찬이 골고루 들어있는 도시락은 소갈비와 각종 나물들 그리고 조기구이까지 들어있는 고급품이었다. 나는 밥 한술을 떠 입에 넣고는 갈비 한쪽을 집어 들며, 무심코 앞에 계신 형제분을 바라보았다. 동생분이 갈비를 먹기 좋게 찢어놓고 계셨는데, 생선은 이미 뼈를 모두 발라내서 도시락 뚜껑에 소복이 쌓아 놓은 상태였다. "형님 맛나게 생겼습니다. 어서 드세요. 내 말 듣고 오시기 얼마나 잘했습니까? 바람도 쐬고 고향 사람들도 만나니 좀 좋아요?"

동생은 정성을 다해 형님을 보살폈다. "이젠 눈에 익은 사람들도 없는가 보네! 건너말 장 씨 형제도 눈에 띄지 않는구먼. 여간해선 이 모임에 빠지지 않던 사람들인데 자넨 혹시 무슨 얘길 들었는가?", "네! 그 형 되는 사람이 두어 달 전에 쓰러졌다는데 이젠 여기 참석하긴 틀렸지 싶네요.", "아주 유순한 사람들이었는데 참말로 안됐구먼, 자네도 몸조심해야 하네!", "아이고! 형님이야말로 건강하셔야 해요. 그래야 이렇게 오래도록 모시고 다닐 것 아니에요." 나는 그만 밥을 넘기려다 말고 목이 꽉 메며, 불현듯 밀려드는 형 생각에 눈이 뿌옇게 흐려졌다.

인간은 누구나 고독하기 마련이다. 이 어쩔 수 없는 고독을 입에 고인 침 삼키듯 꿀꺽 넘기며, 참고 사는 것이 사람이다. 그러나 이 감당할 수밖에 없는 외로움을 함께 나누며 서로 위로해 줄 사람이 곁에 있다면 얼마나 큰 축복이겠는가.

혼자 왔다가 홀로 가는 것이 인생이라지 않던가? 누구에게나 태어나 죽음으로 가는 길은 외로운 길이지만 이 외로움에서 벗어나 삶의 목표를 성취하고 주어진 인생을 제대로 마무리하기 위해선, '난 혼자가 아니다.'라는 생각이 무엇보다도 중요하고 끝없이 필요한 것은 아닐까. 그런데 그 위안을 받을 수 있는 사람이 한 부모로부터 태어나 모든 면이 너무 닮은 형제라면 얼마나 더 든든하겠는가. 형제가 같이 늙어가며 살아온 인생을 반추하면서 지친 몸과 마음에 함께 쉼표를 찍을 수 있다면 얼마나 행복할까.

오늘밤은 형이 사무치게 그립고 너무 많이 보고 싶다.

천년, 그 사랑의 깊이

　추위가 극성을 부리던 지난겨울. 늦잠을 자고 깬 일요일 아침이었다. 군복무를 마치고 복학한 두 아들은 무엇이 그리 바쁜지 벌써 집을 나가고, 혼자 세탁기를 돌리며 설거지를 하던 집사람만 내가 일어나기를 기다리고 있었다. 불과 몇 해 전, 아이들이 고등학교에 다닐 때만 해도 제때 깨워 밥 먹이랴 서둘러 학원 보내랴 부산을 떨며 한창 정신이 없을 시간인데 이젠 조용하기가 산속 같다.
　요즘 들어 갖게 된 이 여유로운 시간이 내심 난 마냥 좋은데 아내는 더이상 자신의 손이 필요 없는 아이들의 덤덤함이 고깝고 때론 섭섭한지 '품 안에 자식'이라며 사소한 일을 가지고도 짜증 섞인 속내를 자주 드러냈다. 하지만 넉넉지 못한 살림에도 아등바등 쏟아 붓던 자식에 대한 정성을 생각하면 심드렁히

구는 아들놈들에게 툴툴대는 아내의 심정이 충분히 이해되고도 남는다.

난 환하게 햇살이 들이비치는 창문 쪽 소파에 앉아 신문을 펴 들었다. "커피 드려요?" 돌아보지도 않고 하는 아내의 물음에 나도 가타부타 말없이 무심코 창밖을 내다보고 있었다. 바람이 전혀 없는지 길 건너 커다란 후박나무는 미동도 없이 서 있고 고루 퍼져 눈부신 햇살이 그 미끈한 회색 가지를 타고 흘러내렸다. 날은 매섭게 춥다지만 왠지 침침한 집안보다는 밖이 훨씬 따뜻해 보였다.

아내는 커피 두 잔과 마들렌 쿠키 몇 개를 가져왔다. 휴일의 느긋함 때문인지 커피 향이 유난히 향기로워 늦은 아침식사론 안성맞춤이었다.

30년 가까이 함께 살아온 아내는 이제 따로 말을 하지 않아도 내가 좋아하는 커피 맛을 기가 막히게 안다. 더욱 신기한 것은 어느 때건 내가 배고플 시간을 정확히 짚어 식사 준비의 완급을 조절하는데 어떻게 알았냐고 물으면 "참을성 없는 당신 얼굴에 다 쓰여 있다."며 피식 웃고 만다. 못 보던 주름이 부쩍 는 얼굴이다. 그러나 더없이 편한, 여유 있는 표정이 새삼 좋아 보인다.

"우리 모처럼 소풍이나 가볼까?" 별 기대 없이 던진 내 말에 아내도 예사롭게 말을 받았다. "안 가본 절을 새로 발견하셨나? 학생들 수학여행도 아니고 만날 가봐야 그게 그거인 절집은 왜 그렇게 찾아다니는지 내 원 참! 추운 날씨에 따라갔다가 고생만 하는 거 아닌지 모르겠네." 그러고 보니 지금껏 아내와 함께 다닌 곳은 모두 사찰 일색이었다. 젊은 시절부터 지녔던 내 호고好古의 취향은 매번 산속 절을 찾아 발품을 팔게 했고 최근엔 폐허가 돼 스산한 절터에 남겨진 탑들이 좋아 시간이 날 때마다 나서는 것을 아내도 잘 아는 터였다. 하지만 크게 반색은 안 해도 종종 따라나서는 것을 보면 그런대로 싫지 않은 것이 분명하고 나 또한 맘 편한 동행자로는 아내만 한 사람이 달리 없었다.

밖은 예상대로 몹시 추웠다. 경기도 하남의 춘궁동 동사지桐寺址엔 며칠 전 내린 눈이 소복이 쌓인 채 그대로였다.

고적하기 이를 데 없는 텅 빈 절터엔 오층과 삼층석탑이 나란히 서 있었다. 눈이 하얗게 내린 장방형의 넓은 뜰에 적당한 거리를 두고 다정히 서 있는 이 두 탑은 석가탑이나 다보탑처럼 세련된 균형미도 없고, 또 유명한 정림사지나 감은사지석탑의 웅장함에도 턱없이 모자라 그저 평범하고 소박할 따름이다. 게다가 두 탑 모두 긴 세월을 바람에 깎이고 빗물에 씻겨 탑신 전체가 많이 훼손돼 거칠었다. 그런데 건립 시기가 고려 초로 추정된다니 얼추 잡아도 천 년 이상을 이곳에서 이렇게 마주보고 서 있었던 거다. 섬이 아름다운 것은 섬들 사이에 적당한 거리가 있기 때문이라는데 알맞게 떨어진 두 탑의 거리는 바라보는 내내 안정감과 평화로움을 자아냈다. 덩치가 큰 5층탑과 아담하고 다소곳한 3층탑은 마치 늘 한자리에서 서로를 위로하며 거친 풍파를 함께 견딘 나이 든 부부의 담담한 모습과 너무 닮아 있었다.

부부가 서로 사랑한다는 것은 상대방이 나와 다른 점을 이해하고 그 차이를 존중하는 일일 게다. 그러나 일심동체를 곧 부부 사랑의 척도로 믿는 사람들은 사랑의 감정을 앞세워 가장 먼저 하는 일이 둘 사이에 거리를 좁히고 허무는 일이다. 서로 다른 존재가 하나가 될 수 있다는 이 무모한 믿음이 결국 사랑을 순간에 완성시켜 불같이 달구기도 하지만 때론 굵은 상처와 아픔만을 남기고 찰나에 헐어내 어름처럼 차갑게 식힌다는 것을 모르는 채 말이다.

격렬한 사랑! 나름 뜨겁고 간절해서 좋다. 이따금은 폭풍 같은 사랑을 꿈꿀 때도 있다. 그러나 가장 편하고 오래가는 것은 잔잔한 사랑일 것이다. 또 그런 사랑일 때만이 영혼은 평화를 얻을 수 있고 아름다운 거리는 계속 유지되는 것은 아닐지.

결혼은 서로의 감정을 신뢰하고 돌봐주기로 한 약속이지만 항상 기대를 조정하는 과정이 어려워 깨지기가 쉽다. 그래서 늘 조심스럽게 다뤄야 할 유리잔같이 서로를 소중히 여기고 곱게 지켜야 될 아주 여린 관계임을 알아야 한다.

서로 다름을 사랑하는 일이야말로 거리를 인정하고 진정 하나가 되는 길이다. 지극한 사랑은 대상과 나 사이에 가로놓인 거리를 사랑하는 일이 아닐까?

절터를 나오며 나는 앞서 걷던 아내의 뒤를 쫓아가 슬그머니 손을 잡았다. "우리 나이에 이러면 부적절한 관계로 오해받아요." 화들짝 놀란 아내는 하얗게 눈을 흘겼다. "참 꿈도 야무지네. 이왕 부적절할 거라면 왜 당신같이 나이 많은 여자겠어. 젊고 예쁜 여자가 길에 넘치는데……." 내가 물색없이 빈정거리자 '당신 착각도 국가대표 수준'이라며 스스럼없이 받아 넘기곤 껄껄 웃고 만다. 다시 잡은 아내의 손은 의외로 따뜻했다.

아내와 함께 호젓한 산길을 천천히 걸어 내려오며 이젠 결혼에 있어 사랑이 '전부'라고 우기진 않겠지만, '먼저'인 것은 분명하지 않을까 생각했다.

뒤를 돌아보니 겨울 나목 사이로 하얀 눈을 머리에 쓴 두 탑이 천년을 같이해 온 다정한 부부처럼 우릴 배웅하고 있었다.

가슴에 박은 못

서른아홉에 세상을 떠난 형의 죽음은 급작스러웠다. 모든 장례절차에 앞장서야 할 나마저 너무 뜻밖이라 허둥지둥 정신이 어리쳤다. 왜 이런 일이 우리에게 일어났는지 그리고 장차 형의 빈자리를 어떻게 메우며 살아야 하는지 생각할 짬도 여유도 없었다. 맥을 놔버린 부모님은 말할 것도 없고, 형수와 어린 조카도 나만 쳐다보고 있었다. 문상을 받으면서도 불러대는 곳이 줄을 잇다보니 몸이 두 개라도 모자랄 판이었다. 하지만 무엇보다도 가슴을 짓누르는 것은 부모님에 대한 걱정이었다. 차마 장례식장에는 와 보지도 못하시고 집에서 까맣게 속만 태우실 그 분들을 생각하면 기가 막혀 숨을 쉴 수가 없었다. 생때같은 큰아들을 앞세운 심정이 과연 어떠했을까? 입을 꼭 다물고 우두커니 방안에 혼자 계신 아버지는 그래도 어떻게 견디지 않을까 싶지마는, 아예 이불을 깔고 누워 물 한 모금도 마다한 채 눈가가 짓무르도록 흐느끼는 어머니가 큰일이었다. 그래도 시간은 흘렀다. 막막하기만 했던 장례식은 끝이 나고 우린 속절없이 형을 이승에서 떠나보냈다.

25년도 넘은 일이다. 생각만 해도 진저리가 쳐지는 그 일이 오늘은 아침부터 문득 머릿속을 스쳤다. 구순을 맞이한 아버지를 위해 마련한 잔치 자리, 큰상을 받고 앉아 축하객들로부터 인사를 받고 계신 부모님의 모습을 바라보고 있으려니 형의 빈자리가 덩그러니 눈에 띄었다. 다시 생각해봐도 형의 죽음은 황당하기 짝이 없었다.

세상을 뜨기 열흘 전, '어린이날'이라고 조카들 선물을 챙겨와 나와 같이 식사를 했고, '어버이날'엔 부모님을 모시고 두 가족이 함께 서울 근교 나들이까지 다녀왔다. 근데 '뇌종양'이라니 누가 그 말을 믿을 수 있겠는가. 14일 저녁 형이 쓰러졌다는 연락을 받고도 설마 무슨 일이야 있겠나 싶었다. 그런데 달려가 보니 이미 의식을 잃은 상태였다. 그 날도 친구 집에 초대를 받아 저녁을 먹으며 와인까지 한두 잔 나눠 마셨다니 어안이 벙벙할 따름이었다.

병원의 의사마저도 의아한 듯 고개를 갸웃거리며 "악성 뇌종양입니다. 아주 드물지만 발생 부위에 따라 이렇듯 끝까지 증상이 없을 수도 있습니다." 의사의 말은 그야말로 청천벽력이었다. 요즘 들어 기억력이 예전만 못하다며 메모하는 모습을 간혹 본 적이 있고 말이 약간 어눌해졌다는 생각은 했지만 걱정할 만큼 특별한 징후를 보인 적은 없었다. 난 후들거리던 다리를 끝내 지탱하지 못하고 그 자리에 털썩 주저앉았다. 형은 다음 날 저녁 무심히도 우리 곁을 떠나고 말았다.

집안 분위기는 납덩이처럼 무겁게 가라앉았다. 가족들은 서로의 눈을 피한 채 각자의 슬픔을 녹여내려 이를 꽉 물고 있었다. 하지만 어머니는 달랐다. 작정한 듯 식음을 전폐하고 아무렇게나 자신을 팽개쳐버리고는 슬픔 속으로 하염없이 빠져들고 계셨다.

어머니가 곡기穀氣를 끊은 지 일주일이 넘었다. 억지로 떠 넣은 물 몇 모금이 고작이었다. 기신을 차릴 수 없는 어머니는 일어나 앉지도 못했다. 의사의 왕진도 소용이 없었다. 꽂아놓은 주삿바늘을 스스로 빼 던지며 통곡을 했다. 살고 싶지 않으니 제발 이대로 내버려 두라는 소릴 신음처럼 뱉으셨다. 가족들이 매달려 사정을 해도 막무가내셨다. 이젠 강제 입원만이 유일한 길이라 의견을 모으고 있을 때였다. 난 마지막 카드를 꺼내 들었다. 아무리 생각해도 다른 방법이 없었다.

커튼이 모두 내려져 있던 안방은 어두침침했다. 어머니의 괴로운 숨소리가 거칠게 들렸다. 주무시는 것 같진 않았다. 난 어머니에게 다가가 야윈 손을 꼭 쥐며 입을 열었다. "엄마! 미안해! 둘 중에 하나라면 차라리 나였어야 했어요. 재주 많은 형 대신 내가 죽었어야 엄마가 좀 나았을 텐데. 엄마! 정말 미안해요!" 나의 말은 오열과 뒤섞여 심하게 떨렸다.
　미동도 없던 어머니가 갑자기 움찔했다. 그리고 있는 힘을 다해 천천히 돌아눕더니 급기야 방바닥을 짚고 일어나 앉았다. "그게 무슨 소리냐? 도대체 그게 무슨 말이냐고? 절대 그런 거 아니야. 얘가 지금 무슨 소릴 하는 거야." 어머니는 나를 부둥켜안더니 안간힘을 다해 내 등을 두드리며 흐느끼셨다.
　이렇게 얼마나 시간이 지났을까. 방안은 지척을 구분할 수 없을 만큼 깜깜해졌다. "지금이 몇 시냐? 나 따뜻한 물 한 모금 갖다 다오!" 어머니는 자신의 무릎을 세워 두 팔로 감싸 안으며 잔뜩 쉰 목소리로 말씀하셨다. 어머니에 대한 극약처방은 일단 약효가 있었다.
　부엌에서 미음을 끓이던 집사람이 어찌된 일이냐고 물었지만 난 선뜻 입을 열 수 없었다. 아무리 화급했을지라도 차마 해서는 안 될 모진 말을 해댔기 때문이었다. 피멍이 든 가슴에 다시 대못을 박은 꼴이니 생각할수록 못된 내 생각에 얼굴이 화끈거렸다. 하지만 그 말이 어머니를 다시 일으켜 앉힌 것은 분명하고 그 후 기를 쓰며 건강을 회복하려고 애를 쓰셨던 것도 사실이다. 자신의 절망이 또 다른 자식에게 상처가 돼서는 안 되겠다는 마음이 어머니의 생각을 바꾼 것일 게다.
　아버지의 구순잔치는 흥겹게 무르익었다. 일가친척들이 순서대로 나와 술을 올리며 큰절로 축하를 했다. 이때다. 문득 창문 너머 빈 하늘을 멍하니 바라보고 계신 어머니의 눈 밑

그늘을 보았다. 형의 부재가 또 어머니의 가슴을 훑어 내고 있는 게 분명했다. '망각은 훌륭한 기억보다도 아름답다'는데 지워지지 않는 그리움에 자신도 모르게 저러시는 걸 게다. 우리는 어떤 사실을 잊어서 괴롭기보다 잊지 못해 힘들 때가 훨씬 더 많다. 그래 그 기억이 스스로 엷어질 때까지 기다리며 한없이 가슴을 저며야 한다. 그런 점에서 망각은 진정 축복이 아닐는지.

'말이란 때론 뼛속까지 파고든다는데 내가 박은 못의 상처가 얼마나 아리고 저리셨을까?' 죄송한 마음에 나도 고개를 돌려 하늘을 무연히 바라보았다.

인생을 살면서 정말 힘들고 아픈 일은 극복하는 것이 아니라 견디는 거란 말이 새삼 무겁게 가슴을 친다. 그렇다! 인생은 그저 묵묵히 견디는 거다.

노크를 좀 해줘요

2012년 4월 30일. 이장移葬날이 결정됐다. 21일이 윤삼월 초하루니 그날은 열흘, 손 없는 날이라 어머니는 진즉에 맘에 두고 있었다고 했다. 형이 채 보름도 앓지 않고 급작스레 세상을 떠난 게 벌써 십구 년 전이다. 큰아들을 땅에 묻고 피를 토하듯 가슴을 쥐어짜던 어머니의 모습이 엊그제만 같은데 쏜살같은 게 세월이란 말이 허랑하지 않다.

그간 어머니가 형의 산소에 쏟은 정성은 말도 못한다. 시도 때도 없이 찾아가 잔디를 고르고 꽃나무를 심어 정원처럼 가꾸어 놓았다. 그런데 이렇듯 애지중지하던 분이 느닷없이 지난해부터인가 파묘破墓를 해 납골納骨을 하자며 성화를 대는 거였다. 아마 자꾸 쇠잔해지는 당신의 기력을 염려하던 중, 향후 산소 관리가 걱정이 됐던 게 분명하다. 그러니 차제에 손보기

번거로운 무덤을 없애고 납골당에 안장하는 것이 좋을 듯싶으셨을 게다. 특별히 반대하는 가족이 없었던지라 곧바로 납골묘를 장만하고 이장날짜를 기다리게 되었다.

"제가 인부들과 잘하고 올게요. 어머니는 집에 계세요. 어떻게 그 모습을 다시 보겠어요? 알았지요?" 나는 수없이 어머니께 다짐을 했고, 매사 예법에 맞게 할 테니 염려하지 말라고 자신 있게 말했다. 하지만 그 일이 어디 예삿일이던가? 이장을 담당한 업체 사람들에게 단단히 부탁은 했지만 내심 참담하고 또 엄두가 나지 않아 걱정이 태산이었다. 아직도 내 속이 이렇듯 미어지는데 어머니야 오죽 하겠나? 싶어 모시고 가는 것은 생각조차 할 수 없었다.

이장 날이 하루 앞으로 다가왔다. 업체 직원이 다시 한 번 연락을 했다. 필요한 물품은 자기들이 마련해 갈 테니 시간이나 꼭 맞춰 오라는 당부였다. 그러나 어머닌 그 말에 개의치 않고 미리 준비해 둔 삼베와 한지韓紙를 잘 말아 묶더니, 내일 아침 산에서 치를 산신제와 고유제 그리고 납골 후 지낼 제사의 제물까지 꼼꼼히 구분해 상자에 담는 거였다. "그쪽에서 설렁설렁 준비한 것이 오죽하겠니? 아들이 이사를 한다는데 맥 놓고 있을 수 없어 정성껏 만든 거니 착오 없도록 해!" 그러곤 뜬금없이 건너편 상가의 호두과자를 넉넉히 사다 놓으라는 거였다. 의아했지만 당신이 두고 잡숫겠다니 따를 수밖에 없었다.

당일 아침, 밤새 뒤척이며 잠을 설친 난 서둘러 출발했다. 일찌감치 도착해 이젠 다시 오게 되지 않을 무덤 앞에 앉아 눈에 익은 건넛산을 망연히 쳐다보고 있었다. 약속시간이 되자 포클레인을 실은 트럭이 도착하고 사람들이 내렸다. 나는 먼저 인사를 건네는 그네들에게 알은체를 했다. "너무 걱정하지 마세요. 자주 해 본 일이라 잘합니다. 화장장 예약도 확인했고 시간도 충분하니, 그저 지켜보고 계시면 저희들이 다 알아서 해요." 계약할 때 보았던 업체 사람은 정중하고 친절하게 말했다. "네! 잘 부탁합니다. 절차도 모르는데다가 괜한 짓을 하는 것은 아닌가 싶어 걱정이 많습니다. 모쪼록 탈 없이 잘 마쳐주십시오." 난 몇 번이나 고개를 주억이며 그들에게 당부했다.

잠시 후, 산신제가 행해지고 나는 산소에 고유제告由祭를 올렸다. 그리고 조금 떨어진 곳으로 자리를 옮겨 그들을 지켜보고 있었다. 트럭에서 내려진 포클레인은 요란한 소릴 내며 산소 쪽으로 천천히 움직였다.

이때였다. 무심코 산밑을 보던 난 내 눈을 의심하지 않을 수 없었다. 뜻밖에 어머니가 허겁지겁 올라오고 계신 게 아닌가. 안 오겠다고 철석같이 약속을 한 분이 불쑥 나타나다니 황망하기 짝이 없었다. "도대체 어쩐 일이세요. 그렇게 당부를 했건만 무슨 일로 오셨냐 말이에요?" 걱정이 앞선 난 소리를 버럭 지르며 화를 내고 말았다. "심란하고 염려가 돼 집에 그냥 있을 수 있어야지. 다 늙은 사람이 자식 일에 무얼 가리겠나 싶어 쫓아왔으니 싫은 소릴랑 그만 해라." 어머니는 지친 듯 그 자리에 주저앉아 가쁜 숨을 몰아쉬었다. 손엔 어젯밤 사드린 호두과자가 상자째 들려 있었다. 그걸 보니 이미 작정한 일이 분명할 터, 어머니는 시종 시치미를 떼고 계셨다. 딱한 노릇이지만 어쩔 수 없어 어머니를 부축해 나무 그늘로 자리를 옮길 수밖에 없었다.

작업은 곧 시작되었다. 우선 주변의 나무들을 뭉개듯 밀어 낸 포클레인 기사가 주위를 잠시 살피더니 땅파기를 막 시작하려던 참이었다. 이때 앉아 계시던 어머니가 갑자기 소리를 질러 일을 막더니 급히 뛰어가는 거였다. 까닭을 물어볼 틈도 없이 달려 간 어머닌 "여보! 기사양반! 내가 부탁이 있어요. 저 산소 임자가 내 큰아인데 태생이 순하고 얼떠 겁이 많았다오. 한 20년 가까이 편히 있던 곳을 갑자기 파헤치면 얼마나 놀라겠소. 그러니 파기 전에 저 기계로 동서남북 네 군데를 땅속까지 울리게 쿵쿵쿵 찧어 노크를 좀 해줘요. 그래야 저 애도 맘에 준비를 할 것 아니요? 내 그것 때문에 일부러 온 거라우." 하더니 가져온 호두과자를 뭉텅뭉텅 꺼내 기사와 주변 사람들 손에 한 움큼씩 쥐어주는 거였다. "네? 아! 네." 말뜻을 금방 알아차린 그 기사는 "염려 마세요. 할머니 말씀대로 노크하고 시작할게요."라며 고개를 끄덕여 어머니를 안심시켰다.

'쿵쿵쿵, 쿵쿵쿵' 작업을 시작한 기사는 어머니 쪽을 향해 이 정도면 되겠냐며 천천히 그러나 확실하게 땅바닥을 두들겼다. 한 번도 그곳에서 눈을 떼지 않은 채 계속 '아미타불'을 염송하고 계신 어머니를 보며, 내 눈은 그만 뿌옇게 흐려졌다.

조선시대 패관문학을 기록해 놓은 ≪대동야승≫엔 이런 사연이 전한다. 어떤 이가 조롱鳥籠에 꾀꼬리 모자母子를 넣고 길렀다. 어느 날 새끼 꾀꼬리를 탐하는 손님이 있어 선물로 줬다. 어미는 그날부터 먹이를 먹지 않고 구슬피 울기만 하더니 닷새 뒤에 죽고 말았다. 주인이 배를 갈라보니 창자가 다 녹아 형체를 알 수 없을 지경이었다. 자식 잃은 어미의 애끓는 심정을 이보다 더 잘 표현할 수 있을까? 짐승의 모정이 이럴진대 하물며 사람이야 두말할 나위도 없지 않은가. 자식 기르는 어미의 애간장이야 하루에도 몇 번씩 녹고 다치련만 그중에서도 가장 애절하기는 자식을 앞세운 경우가 아닌가 싶다.

일은 무사히 진행돼 해가 질 무렵 모두 끝이 났다. 집으로 돌아오는 길, 어머니는 줄곧 눈을 감고 계셨다. 오늘 하루, 먼저 보낸 아들이 얼마나 측은했을까? 더욱이 그 곡진한 속은 아랑곳하지 않고 무턱대고 성질을 부린 내가 얼마나 야속했을까? 생각하니 목이 꽉 메었다.

"자식이 죽으면 가슴에 묻는다지만 가슴에도 묻어지지 않는 게 자식이야. 아직도 문득 저만치 올 것 같아 맘이 저리고 아파! 바늘로 손톱 밑을 후빈들 이리 못 견딜까?" 오래 참은 듯 길게 한숨을 내쉬며 어머니는 말했다. 도무지 어미 노릇은 언제쯤 끝나는 것인지. 어머니의 애절한 마음같이 온통 붉게 물든 서쪽하늘을 바라보며 다시금 간절히 형의 명복을 기원했다.

두 엄마의 눈물

두 시 정각. 한참 동안을 우렁차게 울려 퍼지던 군가 소리가 갑자기 뚝 그치고, 2단으로 된 대형 스피커에서는 크고 엄격한 목소리의 안내방송이 흘러 나왔다.
"지금부터 입대 장정들은 소지물품을 챙겨 즉시 연병장에 집합하기 바랍니다." 일순 소란스럽던 사방이 물을 끼얹은 듯 조용해지더니, 방송이 한 번 더 반복해 들리고 나서야 바쁜 몸동작과 함께 다시 술렁이기 시작했다. 가족들 사이에 둘러싸여 초초히 입대시간을 기다리던 장정들은 급히 각자의 물건들을 챙겨들며 잔뜩 겁먹은 눈으로 연병장 쪽을 연신 넘겨다보았다.
아까부터 계속되던 제 어미의 걱정스러운 잔소리를 건성으로 듣고 있던 아들 녀석이 나를 쳐다봤다. 나는 들고 있던 아이의 배낭을 말없이 들어보였다. 천천히 다가온 아들의 야윈 등에 그것을 메어 주며 "몸조심해야 돼! 무엇보다도 그게 젤 중요한 것 알지? 너는 무슨 일이든 잘해 낼 거야! 아빠는 너를 꼭 믿는다!" 잠시 아들을 끌어안자 눈이 뿌옇게 흐려지며 목이 꽉 메었다. 그런 나를 애써 외면한 채, 아들애는 두어 걸음 물러서서 꾸벅 고개를 숙여 인사를 하고는 따가운 햇볕이 내려 쪼이는 연병장을 향해 뒤도 돌아보지 않고 달려 나갔다. 그러자 지금까지 잘 참아주던 아내가 갑자기 아이를 쫓아 뛰기 시작했다. 곧이어 누가 먼저랄 것도 없이 눈에서 아이를 혹시 놓칠세라 동동거리며, 연병장까지 뛰쳐나온 수많은 사람들 사이로 아내의 모습은 뒤섞여 들어가 찾을 수가 없었다. 이리 저리 몰리며 까치발을 하고 목을 길게 뺀 채, 자식의 얼굴을 한 번 더 보려고 두리번거리는 모정의 안타까운 눈빛들이 정말 눈물겨웠다.

전시戰時도 아닐 뿐더러 누구나 다 갔다 오는 곳인데 뭘 그리 조바심을 내냐고, 징징대는 아내를 나무라면서 덤덤히 따라왔건만 막상 훈련소로 들여보내기 위해 헤어져야 하는 순간, 이렇게 가슴이 저릴 줄은 전혀 생각지 못했다. 내가 입대할 때보다도 훨씬 더 아프게 가슴을 훑어 내었다.

30년도 더 된 일이다. 내가 군에 입대하던 날 아침, 안방에 밥상을 차려놓은 어머니가 보이지 않았다. 하얀 쌀밥 그리고 소고기무국, 생선까지 구워 잘 차려진 밥상에 식구들이 둘러앉아 한참을 기다렸지만 어머니는 끝내 식사를 못하신 채, 집 뒤꼍 구석에 쪼그려 앉아 신음 같은 울음소리를 내고 계셨다.

"역에 가서 안 운다고 약속을 하면 모를까 아니면 집에 계시는 게 좋겠어요. 모시고 가면 틀림없이 울고불고하실 텐데 어머니의 그런 모습을 보고 떠나면 저 얘 마음이 어떻겠어요. 그러니까 그냥 여기서 인사하고 보내세요. 내가 잘 바래다주고 올 테니까요." 누구보다도 먼저 채비를 하고 따라나선 어머니에게 형은 잘라 말했고 다른 식구들도 모두 그렇게 하는 것이 좋겠다고 하자, 고개를 가로저으면서도 어머니는 어쩔 수 없이 그만 문 앞에 주저앉고 말았다.

착잡한 마음으로 집 앞 골목을 빠져나오며 어머니가 궁금해진 나는 흘낏 뒤를 돌아보았다. 발까지 구르며 집 앞 담벼락에 얼굴을 기댄 채 어머니는 울고 서 계셨다. 마치 어린아이처럼 어깨까지 들썩이던 그 모습을 나는 군대생활 내내 한 번도 잊어 본 적이 없다. 신병훈련소에서 고된 일정으로 힘들고 지칠 때마다, 그리고 자대에 배치 받아 밤늦도록 근무를 하거나 야간보초를 설 때에도 내가 애처로워 안타까워하시던 어머니의 그 모습을 떠올리면서 '무엇보다도 잘 견디고 건강하게 제대해야지!' 하는 다짐을 얼마나 많이 했는지 모른다. 그러면 신기하게도 힘겨운 일도 어렵지 않게 끝낼 수가 있었고, 밀려오던 두려움도 금방 가셔져 마음이 편안해짐을 느끼곤 했다.

"오빠가 제대할 때까지 삼 년 동안을 꼬박 엄마는 찬밥을 잡수며 지낸 걸 알아!" 제대하고도 한참이 지난 후, 우연히 누이동생에게서 들은 이야기였다. 입대한 다음 날부터 어머니는 매 끼니마다 내 밥주발에 밥을 퍼 담아 부뚜막에 놓았다가는 다음 끼니때 그 찬 것을 드셨다고 한다. 집 떠난 자식 배 곯면 안 된다며 삼 년을 하루같이 정성을 다해 내 밥그릇을 채우셨던 어머니의 그 애틋한 심정을 어찌 다 헤아릴 수 있을까. "세상에 영 못할 짓이 사람 기다리는 일이지!" 무턱대고 시간이 가기만을 바랄 수밖에 없었다는 어머니는 아직도 그 때를 생각하면 가슴에 멍울이 선다며 진저리를 치셨다.

아들의 입소식은 생각보다 금방 끝났다. 인원 파악을 마치자 대대장은 간단히 환영사를 했고, 곧이어 빨간 모자를 쓴 조교들이 나타나, 어쩔 줄 몰라 허둥대는 아이들을 인솔해 가버리자 텅 빈 연병장에는 오후의 햇볕만이 하얗게 내려깔렸다. 곧이어 부모들에게 내무반을 비롯한 몇몇 시설을 둘러보게 하는 것으로 입소식 행사는 끝이 났다. 30년이 지나도 별로 나아진 것 같지 않은 내무반, 식당, 그리고 샤워실의 모습. 아까부터 무엇을 보든지 눈물을 찍어대던 아내와 나는 그만 맥이 풀려 대강 보고는 막사를 빠져 나왔다. 이제 아들을 이곳에 남겨둔 채 부대를 떠나야 할 시간이다. 부대 문을 빠져 나올 때, 아내는 다시 한 번 심하게 오열했다. 학창시절 수학여행을 제외하고는 자신의 품에서 단 한 번도 놓아 본 적이 없었던지라 이렇듯 못 견뎌하는 아내의 심정을 나는 충분히 이해하고 싶었다. 또 이번 기회에 둥지 속에 끼고 있던 자식을 언젠가는 오늘처럼 날려 보내야 한다는 것을 확실히 깨달아 주기 바라면서 아내의 어깨를 도닥거렸다. 나아가 부모도 아이들의 성장과 함께 역할을 새롭게 변화시켜야 하는 거라고 서로 위로하며 무거운 발걸음을 돌렸다.

　하지만 집에 돌아와 아들의 빈방을 쳐다보자 참았던 애절함이 다시금 북받쳤다. 하필이면 때를 맞춰 밖에는 비가 쏟아지는데 낯선 곳에서의 첫 밤을 지내고 있을 아들 녀석의 생각에 다시 한 번 가슴이 휑하니 뚫려버렸다. 아내는 안방으로 들어가 그만 자리에 눕고 나는 아들 방에서 망연히 빗소리를 듣고 있었다.

　여러 날을 풀이 죽어 지내던 아내에게 힘든 고비는 한차례 더 찾아왔다. 한 열흘쯤 지났을까 아들이 입대할 때 입고 갔던 옷이 소포로 도착했다. 때와 땀에 전 옷과 먼지가 뽀얗게 내려앉은 신발을 구석구석 살피던 아내는 또 한 번 목을 놓아 우는 거였다. 그리고 하루 종일 그 옷을 빨면서 울기를 거듭하는 아내의 모습에서 나는 문득 30년 전 내 어머니의 모습이 그대로 겹쳐 있는 것을 보았다. 더욱이 그 겹쳐진 곳에선 자식을 염려함에 있어 한 치도 다르지 않을 두 엄마의 눈물이 아프게 배어나왔다. 도대체 언제까지 이 땅의 엄마들은 아들을 군대 보내며 대를 이어 이렇듯 가슴을 찢어내야 하는지 정말 안타깝기 그지없었다.

때 이른 장맛비에 아침부터 속을 끓이던 아내. 당분간 그녀의 시곗바늘은 마치 멈춰 선 듯 천천히 정말 천천히 돌아갈 것이다.

나는 마루타?

"얘! 너는 먹지 마!"

아들을 향해 아내는 빠르게 말을 건넸다. 등딱지를 떼어놓고 다리가 달린 몸통을 먹기 좋게 잘라놓은 간장게장을 젓가락으로 막 집어 들려던 아들애는 그만 주춤하며 머쓱해 했다.

한편 썩 내키지가 않아 미적거리며 게 다리 한 쪽을 입속에 넣고 살을 발라내던 나는 아내의 느닷없는 이 말에 몹시 당황했다.

순간 아차 싶었던 겐지 잠시 머뭇거리던 아내는 "곰탕에 밥을 말아 먹는 사람이 무슨 게장이야? 김치도 잘 익었고 무생채도 맛있는데 그게 더 개운하지 않겠니?" 하며 무심코 튀어나와 뒷갈망이 되지 않는 자신의 말 때문에 우리 부자의 표정을 번갈아 살피며 더듬더듬 아들을 타일렀다. 나는 갑자기 뱉어버리고 싶은 게살을 우물거리며 억지로 씹어 삼켰다.

며칠 전이었다. 외출했다가 조금 늦게 돌아온 아내는 부지런히 저녁식사를 준비하고 있었다. 밥을 안치고 냉장고 문을 서너 번 여닫던 아내는 아들과 나를 향해 '어제 먹었던 곰탕이 남았는데 한 번 더 먹어도 되겠느냐.'고 물었다. 아들은 좋다고 금방 대답했지만 난 거푸 먹는 것이 싫어 있는 반찬에 국 없이 먹겠다고 했다.

잠시 후, 아들은 뚝배기에 담겨 아직도 끓고 있는 곰탕에 밥을 말고 있었고, 난 두부부침에 몇 가지 밑반찬을 놓고 막 수저를 들려고 할 때였다. "참, 내 정신 좀 봐! 맛있는 간장게장이 있는데……." 하고 벌떡 일어나 까만 비닐봉지로 꽁꽁 싸맨 것을 냉장고에서 꺼내 와 풀어놓았다. 꽤나 큼직하고 실하게 생긴 암게였다. 얼마 전 친구네 집에서 먹어보고 너무 맛있어 염치불구하고 하나를 얻어왔는데, 내가 계속 집에서 밥을 먹게 되지 않아 일주일 동안이나 아껴두었던 것을 그만 깜빡 잊었다는 거였다.

평소 게로 만든 음식이라면 사족을 못 쓰는 나로서는 뜻밖의 횡재가 아닐 수 없었다. 하지만 기대도 잠깐, 접시에 담겨 내 앞에 놓인 간장게장에서는 야릇한 비린내가 확 올라왔다. 그렇다고 완전히 상해 못 먹게 된 것은 아니로되 보통 때 자주 먹던 게장과는 사뭇 다른 냄새가 코에 훅 끼쳤다.

"먹어도 괜찮을까?" 나는 아내에게 물었다. 그러자 냉장고에 줄곧 있던 건데 상관없을 거라며 등껍질에 붙어 있던 노란 알과 잘 삭은 내장을 쓱 꺼내어 내 밥 위에 올려놓았다. 맛은 크게 다르지 않았다. 다만 냄새가 비위에 조금 거슬릴 뿐이었다.

바로 이때, 곰탕을 먹던 아들 녀석이 맛있게 보였던지 젓가락으로 게장을 집으려 했던 것이고, 그것을 저지하며 아내가 아들에게 던진 말이 그날 저녁 작은 사달을 일으키고 만 것이다. 나는 그만 슬그머니 수저를 놓았다. 생각사록 서운한 마음이 입맛을 딱 젖히고 말았던 것이다.

뜨악했던 저녁식사는 이렇게 끝이 났다. "간이 좀 싱겁긴 해도 냉장고에 있던 거라 탈은 없을 건데……." 설거지를 하면서도 두어 번 말꼬리를 사리며 했던 말을 화장대 앞에 앉아서도 한 번 더 뇌며 내 눈치를 보았다. '혹시 상하지 않았나 싶어 자식 놈에겐 먹이지 않은 거겠지. 나야 뭐 마루타니까!'라고 가시 돋친 소릴 한 번 해댈까 싶다가 나는 그저 눙치고 말았다.

그리고 요즘 인기 있는 코미디 프로그램에서 본 어처구니없는 상황을 머릿속에 떠올렸다. 학교에 갔다 온 아이가 엄마가 준 참외를 한입 베어 물더니 '이거 조금 상한 것 같다.'고 하자 엄마는 대뜸 '놔 둬! 이따 아빠 오면 주게!' 조금도 주저하지 않고 즉시 내뱉는 엄마의 말과 익살스러운 표정이 웃음을 자아냈지만 나는 기가 꽉 막혔다. 아무리 요즘 가정이 아이들 중심이라고는 하지만 딱한 아버지들에 대한 불편한 진실을 너무 극명하게 보여주는 것 같아 씁쓸하다 못해 은근히 부아가 치밀었다. 어쩌다 이 지경이 되었는지 곰곰이 생각해봐도 그 원인이 찾아지지 않았다.

그리고 며칠이 지났다. 그날 있었던 일이 아무래도 맘에 걸렸는지 퇴근할 무렵 아내로부터 핸드폰문자가 왔다. "꽃게탕 맛있게 끓여 놨음. 게 다 도망가기 전에 일찍 들어와 함께 식사해요." 앙증맞은 이모티콘까지 만들어 보낸 문자에는 아내의 미안한 심사가 담겨있음이 분명했다.

한 냄비 그득 담겨 김이 무럭무럭 나는 꽃게탕이 먹음직스러웠다. 입맛을 다시며 식탁에 앉자 "요즘 게가 제철이라 넉넉히 사왔으니 양껏 드세요." 아내는 옆에 앉아 일일이 게살을 발라주면서 유난히 곰살궂게 굴었다.

식사가 거의 끝나갈 무렵, 그땐 정말 많이 서운했다는 나에게 "남편은 의지하고 사는 사람이라 편하지만 자식은 책임져야 할 골칫덩이잖아요."라며 억지웃음에 어물쩍 시선을 피하고 만다. 나는 그 알쏭달쏭한 아내의 말이 확연히 이해가 되진 않았지만, 대강 알아들은 척 고개를 끄덕이며 속이 꽉 찬 게딱지 하나를 다시 집어 들었다.

이때였다. "참! 양념게장도 조금 해 놨는데 아직 간이 덜 들어 어떤지 모르겠네요. 당신이 먼저 먹어봐요. 제대로 맛이 들었으면 이따 애들도 먹이게요." 식탁 한쪽에 놓였던 그릇을 끌어다 뚜껑을 열며 아내는 내게 말했다. "뭐야! 나 또 마루타야!" 나는 그만 피식 웃으며 투덜거렸다.

"당신이 마루타면 가족을 위해 끼때 음식 해 바치며 맛보고 간 본 난 뭐예요?" 아내는 눈을 곱게 흘기며 내가 집은 게딱지를 가져다 꼼꼼하게 속을 파서 내 밥주발에 모아 주었다. 난 그저 졸깃한 게살 맛에 모든 걸 잊기로 했다. 부부는 오래 살면 살수록 서로 접어주어야 무탈하다지 않던가?

제철 꽃게탕이 정말 맛있고, 아내의 주름진 눈매가 싫지 않은 저녁이었다.

행복한 개털족

"자네가 아뭏거나 무섭고 흉한 사람이로세. 자네는 세손世孫 다리고 오래 살랴 하기, 내가 오늘 나가 죽게 하얏기 사외로 와1), 세손의 휘항2)을 아니 쓰이랴 하는 심술을 알게 하얐다네."

이 말은 정치적 소용돌이 속에서 아버지 영조에 의해 뒤주 속에 갇혀 9일 만에 절명한 비운의 사도세자思悼世子가 아내인 혜경궁 홍씨惠慶宮洪氏에게 불만에 가득 차 거침없이 내뱉은 볼멘소리로 ≪한중록閑中錄≫에 기록되어 있다.

1765년 음력 5월 23일. 이미 대처분을 결심한 영조는 휘령전으로 사도세자를 부른다. 자신의 운명을 감지했는지 세자는

---

1) 꺼려하여, 꺼림칙하게 생각하여
2) 揮項: 머리에 쓰는 방한구.

평소와는 다르게 조금도 화증내는 기색 없이 용포龍袍를 달라 하여 입으며 "내가 학질을 앓는다 하려 하니 세손의 휘항을 가져오라."고 느닷없는 명을 하자, 그 휘항은 작으니 당신 휘항을 쓰라고 한 아내에게 벼락같이 화를 내며 마지막으로 해댄 소리다.

세자가 무슨 생각으로 오뉴월에 아들의 겨울 방한모를 쓰려 했는지는 잘 모르겠으나 나가면 죽게 될지도 모르는 절체절명의 상황에서 마지막 청을 한마디로 거절한 아내에게 가졌을 섭섭한 마음은 짐작이 가고도 남는다.

얼마 전만 해도 젊은 시절 일에 쫓겨 이렇다 할 취미도, 노년에 대한 설계와 준비도 없이 퇴직을 맞아 일상생활에서 자립하지 못하고 부인에게 모든 것을 의존하는 남성을 '젖은 낙엽족'이라 불렀다. 마치 젖은 낙엽이 빗자루에 달라붙어 떨어지지 않듯 부인을 졸졸 따라다니며 한사코 붙어 있으려 한다 해서 생긴 말로 평생 일밖에 모르고 성실하게 살아온 남자들을 비아냥대며 하는 소리였다. 어쩌다 가장들의 위상이 예까지 추락했는지 아무리 생각해도 씁쓸한 뒷맛은 감출 수가 없다.

더욱이 최근엔 '개털족'이라는 신조어도 유행하고 있다. 개털이라는 말이 쓸데없는 일이나 행동을 비유적으로 이르는 말이니 당연 그 뜻이 좋을 리야 없겠지만 알고 보니 자식들이 모두 입대入隊 또는 결혼 후 분가해서 달랑 부부만 사는 집의 남편을 가리킨다는 거였다.

아이들이 어렸을 때는 계절에 맞춰 김치도 담그고 그날그날 특별한 반찬도 곧잘 하던 아내들이 자식들이 떠나 남편과 둘이 되면 우선 음식을 하려고 하지 않는다는 것이다. 물론 이삼십 년 넘게 해온 일이라 신물도 나겠지만, 그렇다고 속수무책인 남편을 두고 느닷없이 태업을 감행한다니 대체 어쩌란 말인지 도무지 알 수가 없다. 그래 평소엔 잘 얻어먹지도 못하다가 아이들이 휴가를 나오거나 집엘 찾아와야만 겨우 아내의 음식 맛을 보게 된다는 남편들이 일명 개털족이다.

사내아이만 둘인 내가 개털족으로 전락한 것은 서너 달 전이다. 두 애가 몇 달 간격으로 입대하자 졸지에 찾아든 불행이었다. 남들도 겪는 일이거니 싶어 앞으로 2년 남짓 각오는 했지만 아무래도 이건 아니다 싶은 일이 너무 자주 벌어졌다.

퇴근하여 집에 오면, 있는 반찬에 찬밥이나 끓여먹자고 하질 않나, 간혹 라면도 별미라며 아양을 떨기도 한다. 더욱이 음식을 해 놔도 없어지질 않으니 돈만 들지 도무지 신이 나지 않는다고 맛집 순례를 강요하기도 한다. 어디서 그렇게 많이 들어 알고 있는지 고기는 어느 집이 맛있고, 생선은 어디가 좋더라고 너스레를 떨기도 하고, 한술 더 떠 꼭 끼니마다 밥을 찾는 당신의 나쁜 습관을 이제는 고쳐야 한다며 분위기 좋은 카페에서 안주와 와인 몇 잔으로 우아하게 저녁을 때우는 것이 어떠냐고 호들갑이다.

번번이 거절하기도 성가신 일이고 이날 입때껏 가족을 챙겼던 노고가 가상해 어영부영 쫓다보니 이젠 한도 끝도 없다.

그러던 지난주였다. 군에 있는 아이들이 동시에 외박을 나올 거라는 연락을 받고 뛸 듯이 기뻐하던 아내는 일주일이나 남았는데도 그날부터 부산하기 짝이 없었다. 큰아이가 좋아한다고 포기김치를 담그더니 작은애 때문에 오이소박이도 조금 해야겠다고 수선을 떨었다. 첫날은 갈비찜을 해 먹이고 다음 날은 고기를 굽는 게 좋겠다며 일등급 한우 등심은 당신이 준비해 달라고 종주먹을 댔다.

드디어 애들이 온다는 토요일 아침! 내 식사는 뒷전인 채, 아내는 식탁에 음식 재료를 잔뜩 벌려놓고 유부초밥을 만들고 있었다. 자식들을 위해 신이 나 음식을 만드는 아내의 모습이 밉기까지야 하겠냐마는 왠지 모를 서운함이 슬슬 일기 시작했다. 더욱이 잠자코 신문을 읽던 나에게 싸다가 터진 거라며 못난 초밥 몇 덩이를 덜렁 갖다 놓을 때는 어이가 없었다. 개털족의 설움이 실감되며 얼굴에 열이 오르고 부아가 울컥 치밀었다.

나는 왜 이 순간 남자가 나이를 먹으면 속이 좁아진다는 말과 함께 뜬금없이 사도세자의 원망이 떠올랐는지 다시 생각해 봐도 모를 일이었다.

아무튼 아이들이 집에 있는 동안 나는 잠시나마 내 신세를 잊을 수 있었고, 무엇보다도 입에 맞는 음식을 포식할 수 있어 나름 행복했다.

그런데 애들이 모두 귀대한 날 밤이었다. 낮부터 으슬으슬 춥더니 오후가 되면서 신열이 나고 온몸이 매 맞은 듯 쑤셔댔다. 저녁도 먹지 못하고 자리에 누워 끙끙 앓기 시작했다.

마침 신종 인플루엔자로 세상이 떠들썩하던 때라 아내의 걱정은 이만저만이 아니었다. 집에 있는 해열제를 찾아 먹이고 따뜻한 물을 계속 끓여대더니 그래도 좀처럼 열이 내리지 않자 응급실을 가자고 재촉했다. 사람들로 붐비는 응급실에서 이리 뛰고 저리 뛰며 법석을 떤 아내 덕에 겨우 해열제 주사를 맞고 집으로 돌아왔다. 열이 좀 내리자 나는 혼절한 듯 잠에 빠져들었다. 얼마쯤이나 잤을까 아내가 체온계를 보기 위해 실내등을 켰다. 그 서슬에 깬 내가 보니 아내는 지금껏 자지 않고 내 곁을 지켰던 모양이다. 찬 수건을 이마에 올려놓자 정신이 들었다.

"이젠 당신도 늙었나 봐요. 이제껏 감기몸살을 모르고 살더니 무슨 일로 이렇게 심하게 앓는지." 뿌연 불빛 속 아내의 얼굴도 세월의 더께로 예전 같지 않았다.

다시 이마에 수건을 갈아주며 "당신이 빨리 나아야 신사동 한번 갈 텐데. 거기 가면 추어탕 기가 막히게 잘하는 집이 있대요. 당신 요즘 잘 못 먹어서 탈이 난 건 아닌지 모르겠어요." 나는 그만 웃음이 툭 터지며 "자네가 아뭏거나 무섭고 흉한 사람이로세."라는 말이 언뜻 머릿속을 스쳐 지나갔다.

나는 개털족이다. 그러나 분명 행복한 개털족이다. 밤새 나를 위해 간호해 주는 아내, 그리고 추탕집에 가자면 좋아 앞장설 아내가 옆에 있어 행복하다. 몸이 다 나으면 내가 먼저 서둘러 아내와 추탕집엘 가야겠다. 걸쭉한 추탕 맛이 더없이 구수할 것이다.

다시 태어나도 내 딸의 어머니였으면

'어머니'라는 말은 생각만 해도 가슴이 아린 단어다. 물론 이 세상 무엇보다도 넓고 든든하여 푸근한 느낌을 주는 대표적인 말이지만, 대개의 자식들이 어머니라는 말만 들어도 눈물이 핑 도는 이유는, 이 땅의 모든 어머니들이 자식을 향해 한없이 베푸는 희생적 사랑 때문일 것이다.

부모 속 썩이지 않고 자라는 자식은 없다지만, 부모님 중에서도 유독 어머니에 대해서만은, 생각할수록 고개를 들 수 없는 후회의 애틋한 사연들이 내남 할 것 없이 누구나 있는 것은 아닐까? 분명 자식 사랑에 있어서도 선이 굵은 아버지에 비해 섬세하기 그지없는 어머니의 사랑이 더 애틋하고 간절한 것은 사실이다.

그래서 어머니의 사랑을 기린 옛 고려인들도 그들의 노래

〈사모곡思母曲〉에서 아버지의 사랑을 호미에, 어머니의 사랑을 낫에 비유하면서 '어머니같이 나를 사랑해 주실 분은 세상에 없다.'는 마지막 구절(아소 님하, 어마님ᄀ티 괴시리 업세라.)에 다시 한 번 힘을 주었던 것은 아닌가 생각한다.

서너 달 전이었다. 우연히 켜놓은 텔레비전에서 보게 된 미국 비구니스님의 사연이다. 처음부터 시청했던 것이 아닌 까닭에 그 프로그램의 전체적인 내용은 알 수 없지만, 아마도 그 스님은 오랜 기간 인도에서 살면서 치열한 자기 수행을 통해 누구나가 다 인정할 만한 종교적 실현을 성취한 분인 것 같았다. 그런 분을 국내 종교 단체에서 초청을 했고 많은 사람들을 위해 설법을 마친 스님이 대중들에게 질문을 받는 시간인 것 같았다. 앞서 그가 한 설법의 내용은 물론이거니와 이름조차 모르는 이 낯선 스님은, 단정한 앉음새와 성성한 눈빛만으로도 준엄한 자기 절제가 두드러져 보였다. 한편 진지한 수도자만이 가질 수 있는 평정심과 온유함마저 감돌고 있어 흔들리지 않고 서있는 커다란 나무를 연상시켰다.

하지만 질문의 내용은 그 스님의 분위기와는 사뭇 달라 아주 일반적이고 사적인 내용들이 대부분이었다. 흔히 일반 사람들은 높은 담 속이 항상 궁금하듯이 함부로 들여다볼 수 없는 종교적 구도자들의 일상적 생활이 무엇보다도 궁금한 것이 사실이다. 그것은 우리네 삶과는 전혀 다른, 그래서 함부로 범접할 수 없는 그들의 사생활에 대한 신비감 내지 호기심 때문이 아닌가 생각한다. 그래서인지 몰라도 질문의 내용은 대부분이 출가의 이유나 속가俗家에서의 생활, 아니면 현재의 심경 등을 묻는 것이 고작이었다.
 길지 않은 시간 간결하게 답변한 스님의 사적인 이야기를 나름대로 엮어보면 다음과 같다.
 그녀는 미국에서 태어나 평범한 청소년 시절을 보냈고 미국 내 유수한 대학에서 심리학을 공부했다고 한다. 하지만 무슨 이유인지는 몰라도 천지에 어머니와 단둘이서만 줄곧 생활했다고 한다. 대학을 졸업하고 직장을 다니던 그녀는 평소 약했던 몸을 추스르기 위해 인도 명상센터를 다니면서 동양의 예술과 문화 그리고 종교 등에 점차 관심을 가지게 되었고 자연스럽게 조금씩 인도철학과 불교의 매력에 빠져들기 시작했던 것 같다. 무엇인가를 알아 간다는 것은 느껴 간다는 것이다. 조금씩 커져 가던 그 느낌은 급기야 출가를 위해 인도로 갈 것을 결심하게 만들었고 그것을 실행하는 과정에서 어머니와의 격렬한 갈등을 겪었던 것이다. 우리 주변에서도 간혹 종교적 차이 때문에 겪는 가족 간의 충돌이 예상외로 아주 심각한 결과를 낳게 되는 것을 종종 보지만, 단지 둘만이 서로 의지하고 생활해 왔던 그 모녀의 상황이야말로 도저히 풀 수 없는 엉클어진 실타래처럼 갈등의 골이 더욱 깊어졌을 것은 당연했다.
 아마도 어머니 입장에서는 종교적 문제를 떠나 딸의 출가야말로 자신과의 절연絕緣을 선언하는 것으로 이해되었을 것이고, 딸의 입장에서는 어머니를 충분히 이해하면서도, 종교적 진리를 향한 비장한 마음이 어머니를 포함한 모든 인연과의 단절을 필요로 했을 것이었다. 아마도 이 두 사람의 충돌은 시간의 흐름과 함께 어쩔 수 없는 인정認定과 가슴 아픈 감행敢行으로 마감되었으리라. 당연히 두 사람의 마음속 상처는 깊었을 것이고 처연했겠지만, 서로를 위로할 수 있는 시간적 여유도 없이 서둘러 출발해야만 했다고 한다.

그 후, 어머니가 돌아가실 때까지 30여 년 동안 그녀가 어머니를 만난 것은 대략 10년 정도를 주기로 하여 단지 세 번이었다고 한다. 그것도 일부러 어머니를 만나러 간 적은 없었고 미국에서 행해진 인도불교의 공식 행사에서였다고 하니 그녀의 속리俗離에 대한 강하고 철저한 의지는 가혹하였던 것이 아니었던가 싶다. 물론 어머니가 돌아가실 때에도 임종을 지키지 못한 것은 당연한 일이었다. 그런데 마치 손님처럼 초대되어 참석한 어머니의 장례식에서, 자기 대신 임종을 지켜보았던 친구에게서 들은 어머니의 마지막 이야기는 뜻밖에도 '내가 다시 이 세상에 태어나도 내 딸의 어머니가 되고 싶다.'는 말이었다고 한다. '다시 내 딸의 어머니가 되어, 인생의 심오한 뜻을 세워 자신의 삶을 보다 적극적으로 살고자 했던, 그 딸의 인생을 다시는 미련하게 붙잡지 않고, 그 누구보다도 빨리 이해하여 진정으로 도와주고 싶다.'고 하며 눈을 감았다고 한다. 참말로 놀랍고도 슬픈 마지막 소망, 실로 감동이 아닐 수 없었다.

사랑하는 딸의 앞길에 잠시나마 장애가 되었던 지난날에 대한 절실한 회한이 이런 마지막 소망을 딸에게 남기게 되지는 않았는지 모르겠다.

애절한 만류에도 불구하고 자신을 홀로 남겨두고 냉정하게 떠난 딸, 그리고 그 긴 세월 동안에 단 세 번밖에 만날 수 없었던 무심한 딸, 더욱이 홀로 죽음을 맞이하는 순간까지도 그리워해야만 했던 그 딸에 대한 감정은 누가 생각해도 서운함을 넘어 강한 원망이었을 것이다. 하나 그럼에도 불구하고 다시 태어나도 내 딸의 어머니가 되어 인생의 든든한 버팀목이 되고 싶어 하는 한 서양 어머니의 마음에서 한없는 숙연함이 느껴졌다. 과연 어머니의 사랑에는 동서도 없고 고금古今도 없는 것일까? 낫날처럼 잘 벼려진 섬세하고 한없는 어머니의 사랑은 고려인들이나 미국인들이나 그 간절함에 있어 다를 바가 진정 없는 것인가 보다.

2부

갈색, 그 향기
절반만 지킨 약속
시간은 독이다
봄, 그 속을 걷다
어르신, 무너지다
시루떡과 개량 한복
여전히 간절해서 아프다
호랑이고기를 먹다
알뜰한 당신
달걀 한 판

갈색, 그 향기

"당신의 매력 중 하나가 나이예요!"

사랑에 빠진 중년 남녀가 파티를 마치고 돌아오는 승용차 안에서 따뜻한 눈빛을 나눈다. 훈훈한 분위기, 서로의 감정을 어설피 고백하다 주눅 든 목소리로 '나 너무 늦지 않았나요?'라고 묻는 여자에게 남자가 달콤하게 던진 말이다.

이것은 메릴 스트립, 스티브 마틴, 알렉 볼드윈이 주연을 맡고 낸시 마이어스 감독이 연출한 〈사랑은 너무 복잡해〉에 나오는 대사다. 노련함이 묻어나는 격조 높은 연기로 스토리 전체를 이끌던 여배우 메릴 스트립, 그리고 그녀에게 다가서는 두 중년 남자의 열정과 신중함. 이 영화는 당시 젊은 사람들의 사랑 이야기에 식상해 있던 중년 관객들에게 신선한 즐거움을 선사했던 로맨틱 코미디였다.

이젠 사랑에 대해 알 만큼 알고 해볼 만큼 해봤다고 자부하는 중년의 가슴에도 번지듯 스미는 사랑이 남아있음에 감동받았던 나는 영화관을 나오자마자 달달한 초콜릿 크루아상을 사먹었을 정도로 상큼하게 기억하는 영화다. 아직도 난 아름답게 나이 든 중년 여인을 볼 때마다 여주인공 메릴 스트립의 편하게 웃던 모습과 이 대사가 함께 떠오른다.

젊은 여성은 당연히 아름답다. 절로 이는 천연여질天然麗質을 무엇으로 가릴 수 있겠는가. 하지만 주름이 있어 더 오래 기억되는 미소와 들뜨지 않는 잔잔한 목소리 그리고 절제가 빗장을 친 깔끔한 몸동작, 이거야말로 인생의 심연深淵을 올곧게 견뎌온 중년 여성만이 갖는 눈부심이다. 어찌 젊다는 이유만으로 필적할 수 있단 말인가.

중년 여성의 매력은 무엇보다도 내면에 담긴 지혜와 남에 대한 배려, 그리고 솔직함이 만드는 여유와 순수가 아닐까.

수년 전 흑인 여배우 우피 골드버그가 아카데미 시상식에서 한 인터뷰 기사를 보고 고개를 끄덕인 적이 있다. '나이가 들면서 젊고 아름다운 여배우들이 신경 쓰이지 않냐.'는 질문에 그녀는 "아니요. 그들도 내 나이가 되면 나처럼 허벅지에 살이 붙고 눈가에 주름이 생길 게 확실해요. 지금 나는 예쁜 얼굴과 날씬한 다리보다는 내 나이에 어울리는 지혜를 갖고 싶어요."라고 대답했다.

지혜로움은 노력과 관심이 만드는 또 다른 아름다움이다.

살면서 보고 듣고 겪어야 하는 숱한 경험을 통해 한층 더 깊어지는 정신적 능력이 지혜다. 나이가 쌓일수록 받아들이는 일에 눈감지 말고 자꾸 졸아드는 사유의 공간을 한껏 채워가야 할 일이다. 아름다운 영혼이 깃든 육체는 향기가 난다지 않던가. 연륜에 맞는 지혜로움으로 늘 주변과 교류하는 중년여성에게선 은은한 향기와 함께 포근함이 느껴진다.

또 배려란 상대가 알지 못하게 은근히 마음 써주는 기술적 사랑이다. 그래서 포장하지 않은 남성의 뚝뚝한 배려보다는 여성의 따뜻한 손이 매만진 배려가 훨씬 더 살갑다. 하지만 누굴 막론하고 늘어나는 나이테와 함께 반드시 키워야 할 것이 배려임은 명심해야 한다.

세월은 사람을 그냥 무너트리지 않는다. 여름의 뜨거운 햇살이 과일에 단맛을 스미게 하고 겨울의 혹독한 바람이 연두색 풀잎을 내어놓듯, 시간은 팍팍함을 너그러움으로 바꿔 주변을 보듬어 안을 수 있는 심성을 가르친다. 배려는 자신으로부터 무한히 번지는 기적의 온기다. 그래서 진정이 담긴 배려는 영혼을 매료시킨다. 자상한 배려야말로 흰머리와 함께 나이 든 사람을 빛나게 하는 최고의 장식품이다.

솔직함이 빚어내는 푼푼한 여유도 중년 여성의 매력이다. 그들에게는 지금까지 소중히 여겨왔던 모든 것 ― 사랑과 꿈 그리고 가족과 자신을 온전히 지키고자 하는 열망과 치열함이 있다. 그래서 매사 적극적이고 직선적이다. 그 꾸밈없는 활달함이 순수함을 만든다.

코팅된 내숭을 부끄러움으로 가장假裝하는 젊은 여성의 새침함은 간혹 주변을 아프게 찌를 때가 있다. 그래서 오히려 중년 여성의 거침없음이 더 순수하게 느껴지는 걸 게다. 일본 작가 에쿠니 가오리의 소설 ≪도쿄타워≫를 보면 마흔 살이 넘은 여자와 연애하는 이십대 청년이 등장한다. 그는 중년 여성들에게 집착하는 이유를 순수함 때문이라고 자신 있게 말한다. 여자는 나이가 들수록 여유롭고 아이처럼 순수해진다는 그의 말에 아낌없는 갈채를 보낸다.

중년 여성의 아름다움은 세월과 함께 바래는 것이 아니다. 노랑, 파랑, 빨강 등 지금까지 살아온 갖가지 인생에 흰색이 한데 섞여 차분한 갈색으로 바뀌는 것이다. 열정은 가셨지만 그리움은 그대로 남은, 또 풍요와 조락이 뒤섞이지만 외로움을 여전히 감춘 가을과 가장 닮은 색으로 발색發色되는 것이다.

여성의 중년기는 젊음은 잃어가지만 원숙함과 편안함이 최적화되는 시기가 분명하다. 일반적으로 중년 여성이 젊은 여성들보다 행복과 만족을 훨씬 많이 느낀다고 한다. 이 균형 잡힌 안정감이 곱게 가라앉은 갈색을 떠올리게 하는 건 아닐까.

산산한 바람이 분다. 문득 바다와 석양 그리고 털실로 짠 숄이 잘 어울리는 여인을 만나보고 싶다. 나이가 매력인 그녀와 함께 자작자작 나무 타는 소리가 LP판의 잡음처럼 번지는 벽난로 앞에서, 하얀 탁자를 사이에 두고 커피를 마시고 싶다. 나무 타는 냄새와 커피 향이 어울리면 참 그윽할 것이다.
 아름다운 여인은 아무렇게나 늙지 않는다.

절반만 지킨 약속

용서는 용서받는 사람을 자유롭게 만든다. 아니, 용서하는 사람을 더더욱 자유롭게 해 준다. 용서를 하고 나면 마음속에 들끓던 화가 녹아내리고, 모욕과 증오의 쓰린 상처가 말끔히 아문다. 그래서 용서의 최고 수혜자는 용서받는 자가 아니고, 용서하는 바로 그 사람인 것이다.

쪽빛 가을하늘은 높고 투명했다. 구름 한 점 없는 코발트색 창공을 쳐다보고 있으면 맑고 곧았던 친구 정현이가 떠오른다. 그는 초등학교 5학년 때 전학 와서 나와 짝꿍이 된 후, 중학교를 거쳐 고등학교 2학년 캐나다로 떠날 때까지 늘 붙어다닌 둘도 없는 친구다. 그의 아버지는 목사님이셨다. 당시 우리 동네엔 기독교재단에서 운영하는 커다란 기숙사[仁友學舍]가 있었는데, 그의 아버지가 이곳 관리자로 부임해 오셨던 거다. 그는 기숙사 안쪽에 별도로 지어진 사택에서 부모님, 그리고 인형같이 생긴 여동생과 살았다. 키는 큰 편이었지만 야위었고, 웃는 얼굴이 순해 보였다. 하지만 매사 적극적이며 올곧았고 무엇보다도 정직했다. 우리는 많은 시간을 같이 보냈다. 학교가 파하면 으레히 기숙사 마당에서 놀거나, 세계지도가 붙어있는 그의 방에서 책을 읽곤 했다. 깨끗이 정돈된 거실 한편엔 피아노와 전축이 놓여있었고 한쪽 벽은 갖가지 책들로 빼곡했다. 친절한 그의 어머니는 갈 때마다 맛있는 생과자와 과일을 예쁜 접시에 담아 주셨다. 나는 그에게 자전거와 스케이트 타는 법을 배웠는데, 꼼꼼하게 일러줄 때면 종종 형 같다는 생각을 하곤 했다.
"너 지금 긴장하고 있지? 또 입술을 깨물고 있네." 그는 나를 툭 치며 자주 놀려댔다. 나는 그때나 지금이나 심각하거나 당황하면 아래 위 입술을 깨무는 버릇이 있다. 그럴 때마다 어김없이 "딴사람 같아! 그리고 좋아 보이지도 않아!" 하며 나무라는 것이다.
둘 다 말수는 적었지만 고등학생이 된 후론 대화를 많이 했다. 장차 좋은 소설가가 되고 싶다는 나에게, 그는 처칠이나 케네디 같은 훌륭한 정치인이 꿈이라 했다. 하지만 신학공부를 권하는 아버지 때문에 고민이 많다고 자주 투덜거렸다. 그 밖에도 우린 비록 설익었지만 인생에 대해서도 제법 심각하게 이야기를 나눴고, 신상에 관한 일도 숨김없이 떠벌리며 깔깔거렸다. 근데 지금 생각해도 이해할 수 없는 것은, 그렇게 친히 지내면서도 교회에 나가자는 권유를 한 번도 하지 않은 일이다.

고등학교 2학년 가을. 경복궁에 가지 않겠냐며 그가 느닷없이 전화를 했다. 뜬금없는 제안이지만 가을 경치가 볼만할 것 같아 따라 나섰다. 고궁의 풍경은 기대 이상이었다. 물위에 비치는 경회루의 풍광과 고즈넉이 자리 잡은 향원정의 모습은 그림 같았다. "너한테 할 말이 있어 오자고 했어. 실은 다음 달 우리 식구 모두 캐나다로 떠날 것 같아." 그의 아버지가 선교단체의 책임을 맡게 되어 아주 이민을 간다는 거였다. 나는 어안이 벙벙했다. 둘은 망연히 하늘만 쳐다보고 있었다. "야! 너 또 긴장하고 있지? 입술 깨물지 말라니까." 그의 말에 나는 무슨 이유인지 눈물이 핑 돌았다. "언제 올 건데?", "그건 잘 모르겠어. 아버지는 내가 미국에서 공부하길 바라셔. 아마 그리 되면 꽤 걸리지 않을까." 그도 풀죽은 목소리로 대답했다. "저 말이야. 우리가 바로 만날 수 있으면 좋겠지만, 오래도록 볼 수 없게 되면, 오십 살이 되는 해 여기서 만나기로 하자!" 이미 수도 없이 생각한 듯 10월 10일 오후 3시라고 날짜와 시간까지 정하는 거였다. "혹시나 해서 그러니까, 정말 꼭 기억해야 해! 알았지!" 스무 살도 안 된 나이에 쉰 살에 만나자는 철없고 황당한 약속. 짐작조차 어려운 30여 년 후의 약속이었지만, 당시 아쉬운 마음을 달래기에는 그나마 크게 위안이 되었다.

그리고 정현이네는 한 달 후 캐나다로 떠났다.

그 후, 열몇 번쯤 편지를 주고받았을까? 그가 미국으로 떠난다는 편지를 받았을 무렵, 우리도 살던 집에서 이사를 했다. 한두 번 더 편지를 보냈으나 다시는 그의 소식을 들을 수가 없었다. 그리고 참 많은 세월이 흘렀다. 매년 어김없이 가을은 오고 10월 10일이 되면 향원정 앞 벤치가 머릿속에 그려지곤 했다. 직장을 잡고 결혼을 하고 아이들을 기르면서도 가을만 되면 아련한 그리움에 말려, 간혹 아내에게 가을을 타느냐는 소리 듣기도 했다.

훌쩍 가버린 30여 년! 약속의 날이 왔다. 한낱 어린 시절 철없이 한 약속을 정말 믿는 거냐며 딱하게 여기는 아내를 뒤로한 채, 1시간이나 일찍 집을 나섰다. 몹시 들떴지만, 애써 가라앉히며 그저 오랜만에 산책이나 하자는 덤덤한 마음으로 도착했다. 평일 오후 고궁에는 사람들이 거의 없었다. 향원정 앞 벤치에 앉으니 쾌적한 가을볕이 이마에 내리쬐었다. 얼마쯤 기다렸을까? "저…. 정말 나와 계시네요. 알아보시겠어요? 정숙이에요." 한 중년 여성이 조심스레 말을 걸었다. 아! 기억이 났다. 그의 집에 가면 예쁜 드레스를 입고 놀았던 작은 아이, 정현의 동생이 분명했다. 반가움과 어색함, 그리고 궁금함에 멀뚱히 서서 그녀를 바라볼 뿐이었다.

조용한 찻집엔 작게 음악이 흘렀다. 그녀는 그간의 사연을 한숨과 섞어 천천히 풀어놓았다. "우리 가족에게 캐나다는 절망이었어요. 도착한 지 2년도 안 돼 뇌출혈로 쓰러진 아버지는 20년 넘게 누워만 계시다 돌아가셨고, 가족의 생계는 어렵사리 어머니가 도맡았지요." 현재 캐나다 공립 중학교에서 영어를 가르치며 어머니와 함께 산다는 그녀는 간간이 눈물을 내비치며 말을 이었다. "정치학을 하겠다는 오빠와 신학공부를 강요하는 아버지와의 갈등은 정말 심각했지요. 전에 없이 자주 고성이 오갔고 그럴 때마다 오빠는 며칠씩 집을 나가곤 했어요. 그 무렵 끝까지 고집을 꺾지 않던 아버지가 쓰러지자 오빠는 도리 없이 아버지의 뜻을 받아들였지요. 미움과 죄의식을 한 짐 가득 짊어진 채 말이에요. 자신의 꿈을 접어야만 했던 오빠의 상처는 오래도록 아물지 않아 너무 힘들어 보였어요. 오빠는 미국 신학대학에 입학은 했지만 졸업을 못한 채, 여기저길 떠돌다 돌아왔지요. 마약도 의심스러웠지만 지독한 알코올 중독자가 돼서 말이에요. 거의 매일 술을 마셨어요. 제대로 살아 보겠다고 애는 썼지만 아버지에 대한 원망과 죄의식은 번번이 오빠를 좌절시키고 말더군요. 그런 상황에서도 늘 한국에 가고 싶어 했어요. 여기 오면 무슨 수나 있는 듯, 고집을 피웠지만 이미 혼자 몸으로는 올 수조차 없는 상태였지요. 그리고 언제나 말끝엔 오빠 얘기를 하면서 꼭 한 번 만나보고 싶다는 거예요." 이야기를 듣고 있던 나는 가슴이 뻐근히 아파왔다. "그러다 3년 전, 집 앞 도로에서 차에 치여 아버질 따라갔지요. 결국 두 사람은 끝내 서로를 용서하지 못한 채 세상을 떴어요.

그 지독한 애증은 날선 칼끝처럼 자신과 상대에게 심한 상처를 내면서도 종내 사그라지지 않더군요." 그녀는 마치 끔찍한 영화 장면을 상상하듯 진저리를 쳤다. "마침 제가 한국에 올 일이 생겨 날짜를 일부러 맞췄어요. 죽기 전 저에게 몇 번이나 자기 대신 여기에 나가달라더군요. 오빠가 꼭 나와 있을 거라며 말이에요."

이야기를 듣던 나는 입술을 깨물었다. "참! 이상도 하네요. 우리 오빠도 간혹 입술을 깨물곤 했어요. 자기도 모르게 말이에요." 나는 그만 주르륵 눈물이 흘렀다.

사람은 누구나 자기 인생의 성공을 꿈꾼다. 그래 힘든 역경을 이겨내며 나름대로 열심히 사는 것은 아닐는지. 그러나 삶이 그리 만만치 않은 것은 지닌 꿈을 이루기가 쉽지만은 않기 때문이다. 마음먹은 대로 모든 걸 성취하며 사는 사람이 어디 있단 말인가. 때로는 실패하고 또 때로는 포기하면서, 한참씩 휘청거리고 혹은 펄썩 주저앉기도 하는 것이다. 하지만 스스로 털고 일어나, 고달픈 인생의 고비 고비를 견디며 사는 것이 우리들이다.

정말 사람의 운명은 누구도 모른다고 했던가. 그렇게 남에게 너그럽고 깔밋했던 그의 삶이 어쩌면 그토록 헝클어져 끝 모를 수렁으로 잠겨갔는지 답답한 마음에 머릿속이 텅 빈 듯 하얘졌다. 나는 끝내 원망을 삭히지 못한 채 애면글면 살았을 그에게 꼭 한번 묻고 싶다. 자기를 가장 힘들게 하는 것은 바로 자신이라는 것과 내가 남을 한 가지 용서하면 신은 내 잘못 모두를 용서해 주신다는 것을 왜 몰랐느냐고.

　스산한 바람이 분다. 절반이라도 약속을 지키기 위해 동생에게 힘들고 먼 걸음을 부탁한 그에 대한 기억은, 이제 내 가을의 갈피 속에 곱게 접혀있을 것이다. 어둠이 내리기 시작한 거리엔 희뿌연 가로등이 켜지고, 횅한 가슴으로 걷던 나는 근처 소줏집을 찾고 있었다.

　가을은 회고하기에 좋은 계절인가 보다. 진정 추억은 가을의 것인가!

시간은 독(毒)이다

　우린 강이 보이는 호젓한 산길에서 우연히 만났다. 이유는 각기 달랐지만 그녀는 강을 향해 내려오고 있었고 나는 그 비탈길을 오르고 있었다. 때마침 가까운 곳에 작은 찻집이 있어 멋쩍은 마음을 용케 개킬 수 있었다. 여러 날을 망설이며 미적거렸지만 불가항력이었다. 불같이 이는 사랑에 혼신을 다했다.
　하지만 모든 걸 거슬러야만 했던 시간들, 늘 숨이 막혔다. 무시로 솟구치는 그리움은 피 맛을 본 야수처럼 감당할 수 없었다. 자꾸 맨발로 뛰쳐나가는 욕망의 가닥들을 하나하나 쑤셔 넣은 채 있는 힘껏 꿰매며 지냈다. 그래 봤자 거개가 헛수고란 것을 알면서 말이다. 자칫 방심하는 순간, 봉합해 놓은 곳이 터지는 낭패를 번번이 겪으면서도 마른 침을 삼키며 다시 부풀어 터지길 기다렸다. 안 된다, 이젠 정말 안 된다고 입술을 깨물수록 마음은 늘 그녀를 향해 달음박질쳤다. 악착같이 옥죌수록 퉁기면 더 멀리 흩어지는 알 수 없는 속내를 어쩌지 못해 쩔쩔맸다.

사랑은 별을 따겠다는 무모함이다. 이미 수억 년 전에 사라져 빛으로만 남은 환상에 집착하는 헛된 몸짓이다. 모든 사랑은 호기심에서 발아되고, 불안감 속에서 웃자란다. 낯선 대상에 대한 새로운 관심이 사랑이란 감정을 불러오고, 그 사랑을 놓칠세라 동동거리는 조바심이 더욱 열렬히 상대에게 빠져들게 만든다. 그러나 그것은 반드시 사그라지는 불꽃이다.

만남은 운명이지만 헤어짐은 의지라고 했던가. 5년 넘게 우린 충분히 사랑했다. 그리고 이별을 위해 다시 이 강둑에 마주 섰다. 시작부터 끝까지 함께한 안도감이 서로를 편히 바라볼 수 있게 했다. 두 손을 꼭 잡고 완주한 마라토너처럼.

사랑에게 시간은 독이다. 익숙함과 편안함은 따뜻한 물에 얼음 풀리듯 사랑을 녹여냈다. 언제부턴가 나는 붙잡고 싶어 그의 곁에 있었던 것이 아니라 놓고 싶을 때를 기다리며 서성댔다. 둘이 만든 절절한 사연보다 만나지 않아야 하는 이유가 점점 더 뚜렷해져 갔다. 뜬금없이 세월이 고마웠다. 둘은 그걸 인정했다. 시간은 마음에 굳은살을 만들어 주었다. 이젠 열정과 욕망이 다 빠져나가 바짝 마른 벽돌처럼 속살을 포개도 덤덤하다. 처음 만나 번지듯 온몸에 퍼졌던 떨림은 사라진 지 오래다. 간간이 떠올라도 이젠 피식 웃음으로 덮을 수 있다. 사랑은 왜 끝을 보고 난 뒤에야 서로에게 맞는 답을 주는지 생각할수록 절묘하다.

사랑이 두려운 것은 너무 쉽게 상해 미움의 밑거름이 된다는 점이다. 하지만 우리에겐 미움의 고통보다는 쥐었던 것이 빠져나가는 서운함이 전부다. 충분히 사랑했기에 소모할 그 무엇도 이젠 없다. 불이 꺼진 지 오래되어 미지근한 난로처럼 이젠 살을 비벼도 상관없다. 델 정도로 뜨거웠던 열정이 기억 속에 가물가물, 아마득하다. 텅 빈 동굴 속처럼 휑하다

누구에게도 책임은 없다. 이익도 손해도 당연히 없다. 같이 타올랐던 사랑엔 후회 따윈 있을 수 없다. 둘이 찍은 사진 몇 장, 그 정도면 충분하다. 함께했던 모든 것들을 미련 없이 던져 버렸다. 기억의 깊은 벽장 속으로 말이다. 그 속엔 또 다른 사랑의 화석들이 너덧 개나 나뒹굴고 있었다.

거센 바람도 일지 않았고 비도 내리지 않았다. 처음 만날 때처럼 각기 왔던 길을 되돌아갈 뿐이다. "행복했어. 고마워요. 그럼 안녕!" 돌아선 뒷모습을 자기가 좀더 오래 지켜봐 줄 수 있다고 우기며 서로 손을 흔들었다. 슬픈 음악도 없었다. 세상에서 가장 나쁜 이별은 때를 놓친 이별이다. 아무리 슬픈 이별도 힘겹게 잇는 사랑보단 훨씬 낫다.

한 번도 미워해보지 않은 채 맞이하는 이별은 마치 저무는 해가 서산으로 사라지듯, 뜨거운 날 졸아드는 웅덩이의 물처럼

아주 천천히 완성되어 갔다.
 허전함이 오히려 달콤한 편안함을 가져다주었다.
 사랑은 지나가는 것. 온갖 상처와 흔적을 남길지라도 절대 머물지 않는 것. 그냥 그렇게 우뚝한 석탑처럼 오래도록 한자리에 남아 있지 않는 것.

봄, 그 속을 걷다

 봄은 옅은 슬픔이다. 하얀 벚꽃이 눈처럼 흩날리는 4월. 포개듯 차오르는 애잔함을 애써 감추며 봄 길을 걷는다. 오는 듯 가버리는 안타까운 봄 풍경 속을 걷고 또 걸었다.
 감은사지感恩寺址 석탑에서 시작한 길이 이견대利見臺를 지나고부터는 해안선을 따라 이어졌다. 들쭉날쭉 크고 작은 해안마다 한적한 어촌과 소박한 어항이 빠끔히 숨어 있다. 길은 빽빽한 솔숲 사이를 주춤대다가도 문득 확 트인 해변과 닿아있었다. 어느 곳을 쳐다봐도 온통 황홀하다. 걸음이 느려지더니 저절로 멈춰진다. 끝없이 펼쳐진 코발트색 바다, 그 위로 흰 구름이 선명한 푸른 하늘. 삽상한 바닷바람에 온몸이 저릿하다. 이 세상 모든 것들을 못 견디게 하는 것이 봄이다. 천지가 죄다 봄기운에 몸살을 앓고 있다. 이제 살아 있는 것들은 봄볕

속에서 견디지 못하고 움틀 것이다. 그래서 봄은 뭉근한 아픔이다.

  파도가 밀려왔다 빠져나갈 때, 서로의 몸을 비비며 '자갈! 자갈! 자갈!' 몽돌이 노래를 한다. 드문드문 뭉쳐있는 돌무더기를 밟으며 대본리 해안 길을 지난다. 바다를 딛고 솟구친 바위 꼭대기, 그 위에 어렵사리 생을 의탁한 소나무 하나가 손을 흔든다. 나정해변을 거쳐 전촌항에 도착하면 해안길은 끊어져 감포항까지는 짧지만 호젓한 산길을 넘어야 한다. 동네 뒷산 같은 좁은 풀숲 길을 오르면 청보리밭이 펼쳐지고 탱자나무 울타리를 따라 가느다란 오솔길이 바다를 향해 쭉 뻗어 있다.

  그 산길로 막 접어들어서다. 생풀 냄새가 풋풋하게 올라왔다. 흐드러진 산벚나무가 봄바람에 우쭐대며 하얀 꽃잎을 뿌려댄다. 노랑나비 한 쌍이 팔랑거린다. 두 눈이 어질어질하다. 함박눈처럼 내리는 꽃잎은 개울에 떨어져 흰 물길을 이루고, 두렁에 쌓여 꽃길을 만든다. 꽃잎을 밟으며 한 오십 미터쯤 오르니 오른쪽으로 작은 폐가가 모습을 드러낸다. 주인을 잃은 지가 꽤 됐는가 보다. 다 삭은 양철지붕엔 칡넝쿨이 엉겨있고 방 하나, 부엌 하나, 두 칸짜리 작은 집은 뒷담이 무너지고 지붕도 반쯤 내려앉아 있었다.

  두어 평 마당엔 잡풀 사이로 노란 민들레가 지천이다. 야트막한 담장 너머로 살구나무에 귀퉁이가 가려진 포구가 한눈에 들어온다. 문짝이 떨어져 나간 부엌, 먼지가 뽀얀 부뚜막 위에

양은그릇 너덧 개가 나뒹굴고 쪽마루가 붙어 있는 작은 방안엔 살만 남은 문틈 사이로 새카만 이불 한 채와 아무렇게나 던져진 옷가지 몇 벌이 어지러웠다. 마당 구석 수돗가엔 한 움큼 각시붓꽃이 소담하고 그 뒤로 다 삭은 남자 고무신과 여자의 작은 꽃무늬 슬리퍼가 애잔하다.

사연 없는 집이 어디 있을까마는 자꾸 신발에 눈길이 갔다. 애애한 봄기운에 마루 끝에 걸터앉은 내 머릿속엔 쓸데없는 상념이 꼬리를 문다.

남산만 한 덩치의 옹근 사내와 체구가 작아 안쓰러운 젊은 아내가 살았었을까? 아니면 아버지와 어린 딸? 부부가 살았든 부녀가 살았든 남자는 필시 고깃배를 탔을 것이고, 시난고난한 삶의 무게가 만만치 않았으리라. 먹고산다는 건 언제나 질기고 팍팍한 일이다. 건넛산보다 무거운 삶의 고통에 얼마나 이를 악물고 두 손을 부르쥐었을까? 이고 진 채 여길 떠나는 두 사람의 뒷모습이 낡은 집을 배경으로 어른거린다. 이때다. 마당 한구석 뚫어진 구멍 속으로 한 발은 족히 돼 보이는 뱀 한 마리가 스르르 몸을 숨긴다. 섬뜩했다. 벌떡 일어서자 한줄기 해풍에 묻어오는 비릿한 갯내가 코끝을 스쳤다. 비감悲感이 한숨으로 새어나왔다.

사람은 누구나 벼랑에 뿌리를 내리고 산다. 그 비탈진 산등성이를 지친 다릴 끌며 아등바등 살다 간다. 삶이란 어쩌면 오로지 과정뿐은 아닌지. 늘 결과와 상관없이 그저 걷고 또 걷는 것은 아닐까.

그리운 것들을 다 불러 모으는 봄, 하지만 누구에게나 모두 눈부신 봄일 수는 없다. 처연한 이 집 풍경을 바라보고 있으려니 왈칵 밀려오는 슬픔에 목젖이 싸하다. 마음은 먹먹해지고 눈시울이 무거워지는 건 내가 길 위에 나그네이기 때문만은 아니었으리라.

"인생이란 애만 쓰다 한만 남기고 가는 기라. 가는 것 붙잡다가 붙잡지도 못하고 속만 끓이다 가는 기라." 전촌항을 지나며 잠시 들렀던 막걸릿집 아낙, 앞뒤 없이 해대던 푸념이 귀에 쟁쟁하다. 무슨 소리냐는 말에 오늘 아침 사촌동서의 부고를 받았다고 했다. "에고! 말하면 뭐할 끼고? 겨우 고거 살다 갈 낀데 고생만 죽도록 하다 허망하게 갑디다. 다 부질 없는 일이요. 인생은 원래 허무한 맛에 사는 깁니다. 아이고! 날씨 한 번 염병하게 좋네!" 그녀가 들었던 수건으로 바지를 탁탁 털면서 문을 열어젖히자 느른한 봄바람이 넘실대며 가게 안을 채웠다.

폐가를 나와 산등성이를 향해 천천히 발걸음을 옮겼다. 멀리 감포항이 보인다. 다시금 꽃잎이 바람에 쏟아진다. 녹작지근한 봄이 무르녹고 있다. 이제 곧 뒤도 보지 않고 가버릴 봄이 채빌 서둘 것이다. 한껏 벌려 논 꽃무더기 잔칫상을 미처 치우지도 못한 채 초록에 자릴 내주며 홀연 몸을 감출 것이다. 속절없이 봄 한 철이 또 이렇게 지나간다.

어르신, 무너지다

이래 봬도 벌써 6년째다. 일 년에 두세 차례는 마라톤대회에 꼭 참가해 왔다. 비록 10㎞ 단축마라톤이지만 주최한 협회나 신문사가 준 완주메달이 서랍 속에 수두룩하다. 올봄엔 아들과 함께 하프마라톤에 도전하려고 속다짐 중이다.

건강은 타고났다. 군복무 중에도 40㎞ 행군이 크게 두렵지 않았다. 발바닥에 물집은 좀 잡혀도 어깨도 멀쩡하고 무릎이나 발목도 그냥저냥 견딜 만했다.

환갑을 넘겼지만 걷고 뛰는 건 아직도 자신 있다. 내년에 퇴직을 하게 되면 선선한 가을, '해파랑길'을 혼자 걸어볼 생각이다. 그 길은 부산 '오륙도 해맞이 공원'에서 고성 '통일전망대'까지 이어진 770㎞의 해안길이다. 자료를 하나 둘 챙기다보니 벌써부터 가슴이 쿵쾅거린다. '나이가 뭐 대순가? 내 나이가 어때서….' 오늘도 저녁을 먹고 동네 서너 바퀴를 단숨에 뛰고 들어왔다.

 그런데 지난가을, 하루아침에 흐리멍덩한 노인네로 전락해 버린 참담한 일이 벌어졌다.

 퇴근하면서 우편함을 보니 동사무소에서 보낸 안내문이 들어있었다. 내용인즉, 한 달 전부터 주민센터에서 60대 이상 노인들에게 독감예방접종을 해왔는데 이제부턴 보건소를 직접 찾아가야만 접종이 가능하다는 내용이었다. 정해진 기간이 지나서 그렇다는 설명과 함께 다른 자치단체는 65세가 넘어야 하지만 우린 60세부터 무료접종을 실시한다는 공치사가 늘어졌다. 안내문의 하단엔 '11월 30일 오후 5시까지'라는 굵은 글씨가 선명했다. 나는 마침 일찍 퇴근한데다가 아직 기한이 보름이나 남은 것을 확인하고 보건소를 찾았다. 보건소는 걸어서 10분 남짓 거리에 있었다.

 "어르신! 어서 오세요. 주사 맞으러 오셨죠? 이쪽으로 오세요. 어르신!" 얼핏 봐도 쉰 살은 너끈히 넘은 여자가 자리에서 일어나며 반색을 했다.

 난 누구한테 자꾸 '어르신! 어르신!' 하는지 몰라 그저 멀뚱히 쳐다보고 있었다. 설마 나한테 그럴 리는 없을 테고 다른 사람이 함께 들어왔나 싶어 슬그머니 뒤를 돌아보았다. 따라 들어 온 사람은 없었다. '나 원 참! 저나 나나 엇비슷해 밖에서 만나면 오빠라고 불러도 실컷 될 처지에 어르신은 무슨 어르신!' 속이 뒤틀려 중얼댔지만 도리가 없었다. 그런데 더 기겁할 노릇은 그 여자가 다가오더니 마치 부축을 하듯 내 팔을 잡고는 "어르신! 이쪽으로 앉으세요."라며 상노인 대하듯 자리까지 봐주는 것이 아닌가? 순간 난 65세 이상인 걸 잘못 알고 찾아왔나 싶어 은근히 걱정이 됐다. 설마 그렇겠냐만 요즘 들어 부쩍 내 판단과 기억이 못미더운 난 다시 한 번 안내문을 꺼내 보고야 맘을 놓았다.

설상가상이라 했던가. 명부에서 주소를 확인한 그녀는 서류 한 장을 내주며 옆에 바짝 붙어 앉는 거였다. "어르신! 건강문진표예요. 직접 쓰셔야 하는데, 불편하면 제가 써 드릴까요? 어르신!" 지나치면 모자람만 못하다더니 그녀의 친절은 짜증이 날 만큼 성가셨다. 난 단호히 거절하며 그녀가 내민 볼펜을 뺏듯 가로채 쓱쓱 써내려갔다. "어머! 참 잘 쓰시네요. 어르신들이 흘려 쓴 글씨는 알아보기 힘들던데 또박또박 여학생 글씨 같아요. 정말 참 잘했어요!" 까닥하면 그녀의 호들갑이 내 머리를 쓰다듬을 것 같아 목 언저리가 옴찔했다.

주사는 지하에서 맞는다고 했다. 주사실 앞 긴 의자엔 사람들이 죽 앉아 있었다. 자리가 없어 엉거주춤 서 있자, 그중 한 사람이 자기넨 벌써 맞았다며 어서 들어가라고 손으로 문을 가리켰다.

들어서자마자 나이 든 간호사가 기다렸다는 듯 주사를 놓더니 "바로 가시면 안 돼요. 어지러울 수가 있어요."라며 복도

의자에 앉아 15분 정도 안정을 취해야 한다고 타이르듯 말했다. '이런, 젠장! 그깟 주사 한 대 맞고 안정은 무슨 안정, 볼장 다 본 노인네로 아나?' 난 못 들은 척 서둘러 층계를 오르고 있었다. 이때였다. "아이, 참! 어르신! 그냥 가시면 어떡해요. 잠시 앉아계시다 가시라니까요." 따라 나온 간호사가 소리를 빽 질렀다. 그 서슬에 놀란 난 흘낏 돌아보다 그만 발을 헛디뎌 계단 모서리에 정강이를 쪼며 쭉 미끄러지고 말았다. 얼마나 아픈지 눈물이 핑 돌았다. 하지만 아픈 것은 둘째 문제다. 이 무슨 창피란 말인가? 나는 돌아보지도 않은 채, 괜찮다고 손사래를 치고는 급히 보건소를 빠져나왔다.

　기분이 엉망이 된 나는 절룩대며 근처 중학교 운동장을 가로질러 집으로 향했다. 운동장엔 수업을 마친 아이들이 여기저기 공을 차며 바글거렸다. 때마침 핸드폰이 울렸다. 문자가 온 것이다. 허겁지겁 돋보기를 찾아 쓰며 화면에 뜬 자잘한 글씨에 집중할 때였다. 갑자기 띵하며 둔중한 물체가 심하게 얼굴을 때렸다. 두 눈엔 별이 번쩍하고 정신이 아뜩했다. 쓰고 있던 안경이 튕겨나가고 세상이 온통 하얘지면서 사지에 힘이 쭉 빠졌다. 맘먹고 찬 축구공에 얼굴을 정통으로 맞은 것이다. 순간 나는 맥없이 그 자리에 쓰러졌다.

　정신을 차려보니 땀범벅이 된 중학생 녀석들이 삥 둘러 나를 내려다보고 있는 것이 아닌가? "할아버지! 할아버지! 괜찮으세요?" 난 우선 땅을 짚고 겨우 일어나 앉았다. "할아버지!

정말 죄송해요. 시합을 하다가 그만!" 한 아이가 울먹이며 고개를 숙였다. 살갗이 벗겨졌는지 콧잔등이 쓰렸지만 별탈은 없었다. 내심 '할아버지' 소리가 귀에 거슬렸지만 어쩌겠는가? 떨어진 안경과 핸드폰을 주섬주섬 챙겨든 나는 허영거리며 집으로 돌아왔다.

예방접종 탓일 게다. 머리가 휑하며 어질했다. 코와 다리에 연고를 발라주던 아내는 큰일 날 뻔했다며 자리를 깔아주었다. 눕자마자 온몸이 느른해지며 잠이 쏟아졌다. 앞으로 이런 일이 어디 한 두 번이겠는가. 수시로 겪으면서 차츰차츰 노인이 돼가는 것은 아닐는지?

까무룩 잠이 들었다. "영감님! 어서 일어나요. 당신 좋아하는 전복죽 끓였어요. 노인네라 기력이 떨어져 그런가, 왜 두 번씩이나 넘어지고 그래!" 아무래도 오늘은 재수에 옴이 붙은 날이다. '어르신'과 '할아버지'도 모자라 이번엔 '영감님'이다. 일부러 긁어대는 아내의 장난기는 잔소리로 이어졌다.

"노년을 아프게 하는 것은 심장병이나 관절염이 아니라 함께 늙지 못하는 마음 때문이라잖아요. 그동안 용케 나이를 피해 다니더니 오늘 된통 걸려든 거예요. 젊어 보이는 건 아무짝에도 못 써요. 실제로 젊어야 좋은 거지! 요즘 아들이 당신 하프마라톤은 무리라고 걱정하는데 그만 포기하는 게 어때요? 이제부턴 제발 좀 점잖게 사세요." 아내의 말이 까진 콧잔등보다 훨씬 더 쓰라렸다.

사람은 늙어가는 게 아니라 익어가는 거라는데 왜 자꾸 낡아가는지 도무지 모를 일이다.

시루떡과 개량 한복

"막 쪄낸 시루떡을 그렇게 먹고 싶어 했어요. 잔뜩 해다 놨는데 단 한 입도 먹어보지 못한 채 가 버리고 말았네요. 먹고 싶달 때 실컷 먹여볼 걸 화까지 내며 말렸으니 후회막급이에요. 선배! 나 이제 어떻게 살죠? 참 기가 막히네요." 부인이 사망했다는 후배의 소식을 전해 듣고, 걱정이 돼 걸어본 전화기에서 쏟아진 그의 넋두리였다. 웬 시루떡 타령인가 싶어 의아했지만 남은 가족의 안부를 묻는 내 말에도 아랑곳하지 않고 "앞으로 제가 어떻게 시루떡을 먹겠어요. 살지 못할 것을 뻔히 알면서도 너무 모질게 굴었나 봐요. 그깟 시루떡 맘껏 먹게 했다면, 지금 이렇게 맘이 절이지 않을 텐데……. 불쌍해서 미칠 것 같아요." 회한의 눈물이 배어 있는 축축한 목소리로 후배는 실성한 듯 시루떡 푸념을 그치지 않았다.

그의 아내는 폐암으로 이태 넘게 투병을 해 왔다. 이미 전이가 심해 절망적이라고 우린 알고 있는데, 얼마 전 그는 새로운 수술법이 개발돼 희망이 있다고 주먹까지 부르쥐며 말을 했었다. 그러나 그의 간절한 기대와는 달리 그녀는 수술을 마친 후 깨어나지 못하고 끝내 숨을 거두고 만 거였다.

후텁지근한 여름날 저녁, 두 딸과 함께 지키는 상청喪廳은 적막했다. 문상을 마친 나를 무지근히 바라보며 입을 앙다문 채 슬픔을 누르던 그도 솟구치는 눈물만은 감당이 안 되는지 손등으로 연신 훔쳐대고 있었다. 평소 유난히 다정했던 그의 아내는 영정 사진 속에서 환하게 웃고 있었다. "이번 가을 당신 생일까지만 살아 있으면 좋겠어요. 번듯한 생일상이야 욕심이라 해도 국이나마 손수 끓여주면 좋을 텐데……." 항암치료가 너무 힘들어 잠시 퇴원해 집에 있을 때 그의 아내는 자주 이렇게 말했다고 한다. 그때쯤엔 이미 무얼 먹어도 삼키질 못해 야윌 대로 야윈 몸에 기침까지 깊어져 오히려 보는 사람이 더 못 견딜 지경이었다. 그럼에도 종종 따뜻한 시루떡이 꼭 한 번 먹고 싶다고 애처럼 조를 때가 있어 가족들을 안타깝게 만들었단다. "알았어! 수술이 끝나면 꼭 해다 줄게. 그때까지만 좀 참아요. 죽도 못 넘기는 사람이 떡은……." 하고 어르면 목을 길게 뺀 채 하릴없이 돌아누웠다고 하니 말끝마다 목이 메는 그의 심정이 충분히 이해가고 남았다.

유독 금슬이 좋았던 후배는 때와 장소를 가리지 않고 노상 아내 자랑을 늘어지게 하는 보기 드문 사람이었다. "아따! 누군 마누라가 없나 원! 또 그 소리!" 사람들이 기겁을 하며 손사래를 쳐댔지만, "살아 볼수록 아내가 고맙고 또 미안해요. 없는 살림에 애들 키우고 꼼꼼히 내 뒷바라지했던 걸 생각하면 평생 갚아도 그 공엔 미치지 못할 거예요. 퇴근해 집에 가면 저녁때까지 시장할 거라며 흰떡도 구워주고 부침개도 부쳐주는데 그 맛보다도 아내의 맘씨가 정말 고맙다니까요. 후년까지는 두 딸의 등을 밀어서라도 시집보내고 함께 운동도 하고 여행도 다니며 재미있게 살 거예요." 남의 원성도 개의치 않고 떠들어댈 때는 팔불출의 모습이었지만 진심이 그대로 묻어나는 순박한 사람이었다. 그런데 쉰 중반에 덜컥 이런 일을 겪게 되다니 참담하기 그지없는 일이었다.

세월은 속절없었다. 무덥고 지루했던 여름이 가고 가을이 왔다. 휑하니 부는 바람이 떨어진 나뭇잎들을 이리저리 몰고 다녔다. 문득 이 썰렁한 계절을 온몸으로 느낄 후배의 모습이 맘에 걸려 저녁식사나 하자고 약속을 잡았다.

그는 나보다 조금 늦게 도착했다. 서둘러 들어오는 그를 나는 언뜻 알아보질 못했다. 한 번도 본적이 없는 한복을 입고 나타났기 때문이었다. 소위 요즘 유행하는 개량 한복이었다. 조금 헐렁한 듯 품이 넉넉한 황토색 옷은 수척해진 그의 모습과 그런대로 잘 어울렸다. 악수를 하며 웬 거냐는 내 물음에 "아내가 해준 생일선물이에요. 첨엔 쳐다보지도 못하겠더니 이젠 고맙게 잘 입고 다녀요. 제가 전부터 이런 옷을 입고 싶어 했거든요. 그런데 집사람이 나이 들어 보인다며 한사코 마다 했었지요. 입으니 저는 편한데 남들 보긴 어떤지 모르겠네요." 하며 계면쩍어했다.

경황 중에 아내를 떠나보내고 49재를 지낸 후였다고 했다. 아내의 부재를 현실로 받아들이지 않을 수 없을 무렵, 두 딸과 함께 장롱 속 아내의 옷가지를 정리했다고 한다. 하나하나 아내의 체취가 묻어나는 옷들을 종류대로 나누고 있는데, 갑자기 작은딸이 "이게 뭐지? 아빠 거 같은데……." 하며 이 옷을 불쑥 내밀더라는 거였다. 도무지 영문을 알 수 없어 어리둥절해하며 옷을 살피고 있을 때, 윗옷 주머니에 무엇인가 만져져 꺼내보니 아내의 짧은 편지가 들어있었다고 했다. 그가 건넨 작은 종이엔 다음과 같은 글이 또박또박 씌어 있었다.

"여보! 먼저 가서 미안해요! 당신 생일까지 내가 살면 좋으련만 이젠 자신이 없네요. 그래서 언니한테 부탁해 이 옷을 준비했어요. 제가 드리는 생일선물이에요. 부디 힘내세요. 그리고 딸들 잘 부탁해요. 사랑해요. 안녕!"

자신의 죽음을 예감하며 이 글을 썼을 그녀의 모습이 떠오르자 나는 그만 눈물이 주르륵 흘렀다. "끝끝내 시루떡 한 조각 먹이지 못한 놈이 선물이랍시고 이 옷을 입고 다니니 참 뻔뻔하지요. 울지 마세요. 딸들이 가엾지 전 견딜 만해요." 그는 억지 미소를 지으며 내 손을 잡았다. 어쩌겠는가? 입술을 깨물고라도 이겨내야지. 나도 그의 손을 꽉 쥐었다.

  산은 넘고 물은 건너며 사는 게 인생일진대 겪지 못할 슬픔이 어디 있겠는가! 송곳 끝같이 뾰족한 여름 햇살도 툭하고 떨어지는 오동잎 하나에 숙지고 말듯이 뼈저린 상처도 세월에 씻기면 차츰 옅어지는 게 이치 아니던가. 삶은 극복하는 것이 아니라 그저 견디는 거라며 나는 그의 등을 한참이나 도닥여 주었다.

여전히 간절해서 아프다

 사랑은 이별을 하기 전까지는 그 깊이를 알지 못한다. 사랑의 기쁨은 둘이 나눌 수 있지만, 이별의 고통은 각자 넘어야 하는 험악한 산이다. 함께하는 삶과는 다르게 죽음이 누구에게나 개별적인 것처럼.
 군 입대 영장을 받고 며칠 후, 도무지 이유를 알 수 없는 뜻밖의 이별 통보. 멍하니 듣던 나는 그만 천지가 무너졌다. 아직도 온 마음이 그녀를 찾고 있는데 틈도 주지 않고 떠난 박절한 뒷모습. 불면의 밤은 날카로운 비수로 나를 난도질하고, 끝내 이기지 못한 허기虛飢에 물 말은 밥을 꾸역꾸역 입에 넣으며 주르르 눈물을 흘렸다. 숨었던 그리움은 시도 때도 없이 가슴을 저몄다. 세월은 나를 얼마나 도와줄 수 있을까? 정지된 듯 꼼짝도 하지 않는 시간에 나를 그냥 던져두었다.

대학 1학년 사월. 첫 미팅에서 만난 그녀는 눈부심 그 자체였다. 하얀 얼굴에 매초롬한 이목구비. 무엇보다도 가지런한 이는 웃을 때마다 바로 쳐다볼 수가 없었다. 게다가 불문학이라는 전공까지도 왜 그리 좋던지. 그날부터 그녀는 내게 여지없이 찬란한 별이 되었다.

전생 어디쯤이었을까? 그 인연이 습기習氣로 남아 이렇듯 몸 달게 하는 거라고 내 상상은 하루하루 숙명으로까지 내달았다.

하지만 보름이 지나고 나서야 어렵사리 만날 수 있었던 그녀. 붉은 넝쿨장미가 줄지어 피어있던 도서관 옆 벤치. 저쪽에서 걸어오는 그녀는 하얀 햇살처럼 잘게 부서지며 내 속으로 들어왔다. 마른침만 삼키던 내가 어떤 표정이었는지 지금은 아무리 생각해도 떠오르지 않는다. 그리고 만 15개월, 우리의 사랑은 탱글탱글 영글어 갔다.

사랑은 출구를 보고 시작하는 것이 아니라, 입구만 찾아들면 누구도 걷잡을 수 없는 불가항력이다. 그 시절 한 사람을 사랑하면 그를 통해 이 세상 모든 것을 사랑하게 된다는 것을 알았다. 왜냐하면 세상에게 그녀는 한 사람이었지만 내게 그녀는 세상이기 때문이었다. 백 퍼센트 순수와 충만한 열정으로 사랑에 몰입했다.

하지만 사랑은 늪이었다. 빠지면 황홀과 함께 고통도 손잡고 오는 수렁이었다. 내가 아무도 사랑하지 않았을 때 나는 한 번도 고뇌에 찬 아침을 맞거나 불면의 밤을 보내지 않았다.

그러나 내가 사랑에 빠진 후로 내 삶은 상실과 혼란 그리고 빠져나오지 못하는 미망의 연속이었다. 신은 사랑을 이용해 천국 한가운데 지옥을 숨겨 놓은 것은 아닌지. 사랑하면 할수록 더 많은 사랑이 필요했고, 그 끝없는 갈망은 가슴을 자주 텅 빈 정거장으로 만들었다. 또 작은 몸짓까지도 같아지고 싶은 욕망에 하루에도 몇 번씩 절망과 희망 사이를 날아다녔다. 영혼까지도 함께 녹여 하나가 되고 싶은 철없는 목마름은 두 사람 모두를 끊임없이 지치게 했다.

삶에는 반드시 죽음이 있듯이 사랑엔 이별이 있기 마련이다. 그녀의 이별 통보는 내 마음에 불도장을 찍었다. 사랑한다고 수만 번 말을 해도 헤어지자는 말 한마디에 끝나는 게 사랑이고, 죽고 못 사는 애인이나 무찔러야 할 적敵은 어쩌면 같은 말의 다른 표현임을 그때 깨달았다.

사랑 때문에 가슴앓이를 하는 사람에게 '잊으라'는 조언처럼 쓸데없는 것이 또 있을까? 헤어짐이 아픈 것은 이별을 해도 사랑은 지나가는 것이 아니기 때문이다. 사랑하는 사람은 사랑했던 과거의 사람이 아니라 지금도 내 안에 남아 가끔씩 아문 상처를 건드리고 또 어쩌다 한 번씩은 나를 그리움의 벼랑으로 내 모는 사람이다.

그래서 사랑의 흔적은 한 번 들면 빠지지 않는 옷감 위의 감물처럼 평생 달래며 안고 가야 할 기억의 부스럼인 것이다.

이젠 참으로 많은 세월이 흘렀다. 그러나 살아가는 동안 잊은 줄 알았던 사랑이 아픔처럼 문득 내게 다가설 때가 있다. 그건 어느 누구도 사랑했던 사람을 완전히 잊을 수 없기 때문일 게다. 마치 비바람에 씻겨 나무뿌리가 지층으로 드러나듯이 한 때의 고통과 분노, 오해와 질투 그리고 미처 익지 못한 생각 탓으로 결국 이룰 수 없었던 사랑이 새삼 회한이 되어 되살아나는 것이다. 그리고 그 희미해진 기억들 속에 살을 발라 낸 생선가시처럼 유독 내가 잘못했던 일만 또렷이 생각나 시간을 뛰어넘어 힘들게 할 때가 있다. 이젠 무뎌졌겠지 싶어 벗겨본 상처는 붓기가 아직 여전하고 금방 선홍색 핏물이 배어 나온다. 인연의 끝이 늘 이렇게 허망한 줄은 알지만 편도선부은 목에 침 삼키듯 아직도 묵묵히 아픔을 참으며 넘겨야 할 때가 있다.

첫사랑! 아름다움의 한 절정, 그러나 낙엽 지는 가을과 닮은 나이가 되고서도 회고해 보면 여전히 간절해서 아프다.

호랑이고기를 먹다
⟨나의 글쓰기⟩

　나는 호랑이고기를 먹었다. 간장에 졸인 것을 하얀 쌀밥에 올려 꼭꼭 씹어 먹었던 것이다. 고기의 감칠맛도 일품이었지만 쫄깃쫄깃하게 씹히는 맛이 아주 그만이었다.
　그때가 아마 초등학교 3학년 여름방학이었을 거다. 아버지와 함께 양양 낙산사로 여행을 갔다. 절에서 묵은 다음날, 우리는 나이 많은 공양주供養主로부터 아침상을 받았다. 상 위에는 밥과 함께 몇 가지 반찬들이 정갈히 놓였는데, 그중 유난히 내 입맛에 맞았던 반찬 - 마치 소고기 장조림같이 짙은 갈색의 짭조름하며 고소했던 그것이 무엇인지 무척 궁금했다. 때마침 들어온 공양주께 여쭈니 "그건 이런 산중에서나 맛볼 수 있는 아주 귀한 호랑이고기란다!" 나는 이 놀랍고 생뚱맞은 답변에 설마 했지만, 공양주의 진지한 표정과 기꺼이 동의하시는 아버지의 웃음소리에 그만 이 말을 철석같이 믿게 되었고, 어리석게도 이 믿음은 내 기억 속에 너무나도 또렷이 남게 되었다.

　살면서 우린 겪고 나면 별일 아닌 것도, 당시엔 너무 절절하여 애를 쓰는 일이 흔하다. 또 사소하지만 자기만 알고 있어 한층 더 즐겁고 자랑스러운 것, 그래서 두고두고 되새기며 감동하는 일도 있기 마련이다. 더욱이 가끔은 우리가 진실이라고 굳게 믿었던 것이, 실상은 오히려 진실로부터 멀리 떨어져 있음을 나중에야 깨닫고 실소를 금치 못하는 일도 더러 있다.

　하지만 어쨌든 당시 나에게 호랑이고기를 먹었다는 이 사실은 주체할 수 없는 감격이었고 충격적 진실이었으며 은밀한 사건이었다. 분명 이보다 유쾌하고 극적인 체험은 달리 더 없었다. 따라서 이것은 오래도록 내 마음속에 경이로움이 되어 줄곧 커져갔던 것이다.

　사람들에게는 누구나 다 표현의 욕구가 있다고 했던가. 그 후, 난 전혀 예기치 못했던 이 특별한 경험을 누구에겐가 말하고 싶어 퍽이나 안달을 했고, 좀더 실감 있게 전달하고자 얼마나 많은 시간을 이 이야기의 사실적 구성을 위해 공을 들였는지 모른다. 그리고 내 얘기를 더 많은 사람들이 흥미 있게 듣고, 또 모두가 사실로 여겨 주었으면 하는 바람으로 머릿속은 언제나 꽉 차있었다. 게다가 가끔씩은 나 자신에게마저 희미해져가는 고기의 맛을 곰곰이 기억해내는 일도 게을리하지 않았다.

소박하지만 강렬한 이 열망은 간단히 식지 않았다. 오로지 남들이 내 말을 믿고 인정케 하고 싶은 욕구는 낙산사를 가게 된 자세한 경위, 정확한 날짜와 시간, 그리고 같이 먹고 동의해 주셨던 아버지의 권위까지 빌려가며 조금씩 더 길게 말을 잇게 하였고, 틈이 날 때마다 이런 것들의 배열을 이리저리 달리하며 쉼 없이 짜 맞춰보곤 하였다. 당시 이 표현에 대한 나의 심취는 혼자 골몰히 빠져들 수 있는 흥미진진한 작업이었으며 일종의 구원이었다. 하지만 안타깝게도 남들이 선뜻 믿고 수긍할 만큼 잘 꾸며진 이야기는 쉽사리 머릿속에 고이지 않았다. 돌이켜 보면 그때 나는 주장만을 위한 강박감에 너무 흥분해 있었고, 관심을 끌기 위해 애써 과장했으며, 반복을 거듭한 장황함으로 갈 길에서 벗어나 너무 에돌지 않았나 싶다. 사실 이렇게 설익고 엉성한 이야기로는 누구도 설득할 수 없음이 당연한 일이었다. 그럼에도 불구하고 들인 공보다 적은 반응에 늘 애석해 했으니 지금 생각해도 얼굴이 붉어질 일이다.

  시간이 흐르고, 말과 글을 통해 다른 사람을 설득하고 감동시킨다는 일이 진정 녹록지 않음을 깨달아 갈 무렵, 얄궂게도 그 어려움 속에 도사리고 있는 진귀한 행복이 나를 찾아왔다. 간단치는 않지만 자신의 생각과 경험을 씨줄과 날줄로 얽어, 나름대로의 무늬를 놓으며 엮어간다는 일이 그 무엇하고도 바꿀 수 없는 희열이라는 것을 알았던 것이다.

  그 뒤로 나는 크고 작은, 그리고 아주 소중한 생각과 경험들이 생길 때마다 찰진 이야기로 꾸며보려는 내밀한 조바심을 한껏 즐기곤 했다. 그리고 힘겹지만 촘촘하게 직조된 갖가지 얘기들을 통해 새로운 의미나 가치, 그리고 정제된 질서들이 만들어질 때마다 뿌듯한 즐거움과 성취감으로 하얗게 밤을 새울 때도 있었다. 이렇듯 호랑이고기로부터 비롯된 성장기의 글쓰기는 내 사유의 중요한 한 축이 되어 주었다.

물론 얼마 지나지 않아 그 호랑이고기는 두부를 들기름에 지져 다시 간장에 바짝 졸여낸 것임을 알았다. 하지만 이미 호랑이고기의 진위는 나에게 별상관이 없었다. 왜냐하면 처음 들었던 순간의 놀람과 긴장은 아직까지 충분한 감동으로 남아 있고, 오히려 시간이 지남에 따라 호랑이고기일 거라는 확신은 확고부동하게 내 머릿속에 화석화되었기 때문이었다.

우리는 참 많은 일들을 보고, 듣고, 겪으며 살게 마련이다. 그것들 중에는 진실도 있고, 진실이었으면 하고 바라는 것도 있다. 아니면 내 스스로 진실이 되게끔 노력하는 것들도 있다. 대체로 사람들은 일일이 따져 확인된 사실만을 신뢰하고 사는 것은 아니다. 우리들 주변에는 어수룩하지만 정말 믿고 싶은 이야기도 있고, 현실하고는 다소 동떨어졌지만 아름답고 신비스러운 이야기도 얼마든지 있다. 또 솜이불 속같이 따뜻한 감동이나 생각사록 희한한 사연들도 흔히 있지 않은가. 오히려 이런 이야기들이 바짝 말라 거친 우리네 인생을 윤이 나고 넉넉하게 만들어 주는 것은 아닐지 모를 일이다. 그래서 우리는 그런 이야기들을 힘들여 정리하고 앞뒤 맞게 꾸며, 그 누군가에게 말하고 또 읽히고 싶어 하는 것은 아닐지 생각해 본다.

  나는 아직도 하고 싶은 말들이 많이 있다. 내가 그토록 하고 싶은 이야기는 따뜻한 마음이 배어있는 감동과 슬며시 번지는 착한 눈물에 관한 것이었으면 한다. 칼날 같은 이성이 동강동강 잘라놓은 빤질대는 이야기가 아니고, 작은 씨앗 속에 숨었다가도 정성을 다해 심고 가꾸면 쑥쑥 자라주는 순한 나무들같이, 편안하고 너그러운 이야기여야 한다. 커다란 천둥소리가 아니고 격랑의 파도 소리도 아닌, 작은 시냇물 소리 내지는 고요한 호수의 잔물결 소리 같았으면 좋겠다. 검푸른 바다의 심연이나 다시는 빠져나올 수 없을 만큼의 깊은 계곡 같은 이야기는 싫다. 그저 마을로 들어가는 길섶의 하찮은 풀꽃같이 소박한 이웃의 잡다하고 곰살궂은 이야기, 하지만 거기엔 삶의 흔적이 켜켜이 묻어있고 땀냄새든 입냄새든 사람의 냄새가 물씬 풍겨, 함께 느끼고 즐기며 정겹게 공유할 수 있는 이야기가 되길 바란다. 사람들 간에 시고 짜고 쓰고 매운, 그러나 곱씹으면 구수하면서도 은근히 단맛이 우러나는 그런 솔직한 이야기를 하고 싶은 것이다.

  퍼낼수록 맑게 솟는 옹달샘처럼 앞으로도 할 얘기가 그치지 않았으면 좋겠다. 어린 시절 호랑이고기의 맛을 아직도 기억하여 남들에게 이야기하고 싶은 것처럼 말이다.

알뜰한 당신

화창한 5월 어느 날 오후였다. 친구와 약속한 시간이 빠듯해 급히 집을 나선 내가 버스 정류장에 막 도착했을 때다.
"여 봐요, 젊은 양반! 예서 이문동을 가려면 몇 번 버스를 타야 해요?" 한 할머니가 불쑥 말을 건넸다. 유독 길눈이 어두운 내게 강남에서 이문동은 감조차 잡을 수 없는 곳이었다. 몰라서 죄송하다며 송구스러운 표정으로 할머니를 바라보니 일흔을 훨씬 넘긴 연세임에도 아주 정정한 모습이었다. 야위긴 했어도 작달막 한 키에 옥색 원피스를 입고 그 위에 연분홍 스웨터를 걸친 옷매무새가 계절과 딱 맞아 산뜻했다. 다만 무청이 그대로 달린 커다란 무 하나를 오른손에 쥐고 있지만 않았다면 말쑥한 모습으로 보아 자손들이 극진히 섬기는 부잣집 마나님이 분명해 보였다. 하지만 축 늘어뜨려 땅에 끌리게 들고 있는 그 무가 아무래도 심상치 않았다.

그런데 아니나 다를까, 잠시 후 느닷없이 "난 어서 이문동엘 가야 하는데 이걸 어쩌지! 우리 아들이 눈 빠지게 기다릴 텐데, 이 무 좀 사줘요. 이걸 팔아 아들 집엘 가야 해요." 놀라 쳐다보는 나의 눈길을 피한 채 할머니는 거듭 중얼거렸다. 좀 전 길을 묻던 때와는 사뭇 다르게 시르죽은 목소리로 횡설수설하는 거였다.

치매노인이었다. 말은 많이 들어봤어도 이렇게 직접 만나니 당황스러웠다. 자꾸 무를 들이대며 사라고 떼를 쓰는 할머니를 달래 나는 근처 파출소로 모시고 갔다. "이렇게 오시는 분들이 가끔 있어요. 용케 정신이 돌아와 주소와 전화번호를 대는 분들도 있고, 아니면 자식들이 사방팔방 찾아 헤매다 어렵게 연락이 돼 모셔가는 경우도 있죠. 어쨌든 좀 기다려 봐야 해요." 나는 내 주소와 전화번호를 파출소에 남기고 거길 나왔다. 의자에 얌전히 앉은 채 나를 빤히 올려다보는 할머니 손엔 여전히 무가 들려 있었다.

30분이나 늦은 나를 친구는 반갑게 맞았다. 늦게 된 사유를 이야기하며 나는 서류봉투를 내밀었다. 공교롭게도 그 속에는 노인요양병원 입원수속에 필요한 재정보증서류가 들어 있었다. 얼굴이 상해 반쪽이 된 친구는 기운 없이 그걸 받아 가방에 넣었다.

친구 어머니는 4년 전 치매진단을 받았다. 유별나게 말수가 적고 얌전하셨던 분이다. 하지만 치매로 인격을 잃어버린 후 무던히도 가족들을 힘들게 했다.

처음엔 그저 같은 말을 되묻고 소지품을 종종 잃어버리시더니 언제인가부터는 간단한 계산도 못할 때가 있어 애를 태웠단다. 또 하고 싶은 말이 있는지 한참을 더듬거리다가는 끝내 하지 못하고 화가 난 표정으로 온종일 말없이 계실 때도 있었다고 했다.

그러나 그때까지만 해도 단순한 건망증이겠지 싶어 지나쳤는데, 증세가 수그러들지 않고 자꾸 심해지더니 급기야는 없는 말을 지어내 주변을 당혹케 하고 가끔씩은 가족마저 알아보지 못해 기겁을 하게 했다.

"아줌마는 날 어떻게 알아요? 대체 누군데 이렇게 잘해줘요. 난 잘 모르는데……." 시집간 딸을 보고 이렇게 말하기도 하고 때론 막내아들을 친정 동생으로 착각해 온 집안을 눈물바다로 만들었다. 하지만 이것은 약과였다. 나중엔 음식을 해야 한다며 틈만 나면 가스 불을 켜는가 하면 성냥만 보면 아무 곳에나 그어대 걱정이 태산이었다.

이렇듯 병세가 점점 심해 감당할 수 없게 되자, 입원을 시키겠다는 친구와 입장이 다른 동생들 사이엔 갈등의 골이 깊어갔는데, 결국 작년 여름 우여곡절 끝에 요양원 입원을 결정했었다. 하지만 어머니의 입원생활은 고작 보름 만에 막을 내렸다.

입원 후 2주가 지난 일요일. 동생들과 함께 어머니를 뵈러

갔던 친구는 그만 억장이 무너지고 말았다. 큰아들만큼은 정확히 기억하는 어머니가 친구의 목을 덥석 끌어안으며 "나 집에 가고 싶어. 아범아! 제발 집에 데려다 줘!" 겁에 질린 듯 몸까지 떨며 애원을 하셨다. 자세히 살펴보니 왼쪽 어깨엔 주먹만 한 멍이 들어있고, 팔 뒤꿈치와 허벅지에도 여러 군데 꼬집힌 자국이 선명했다. 가슴이 너무 쓰려 얼굴도 들지 못한 채 눈물을 쏟자 "울지 마! 울면 저 할머니들이 자꾸 꼬집어. 울지 말라니까!" 하면서 주위의 눈치를 살피는 거였다. 홧김에 사무실로 달려가 항의하자, "여섯 분 당 한 명씩 간병인을 두지만, 잠시 눈을 떼면 어느 틈에 저런 일이 벌어지곤 합니다. 여하튼 저희들 불찰이지만, 갑자기 난폭하게 돌변하는 할머니들이 간혹 있어 애로사항이 많답니다." 친구는 두말 할 것 없이 그 길로 당장 어머니를 모시고 집으로 왔다.

"정말 사는 게 사는 것이 아니었어. 하던 일을 줄여 아내에게 떠맡기고 내가 간병을 전담했지. 하루에 예닐곱 번 식사를 차려드리고 그 수만큼 대소변을 받아냈어. 잠시도 눈을 뗄 수 없는 어머니를 옆에 두고 빨래하고 청소하고 음식 만들고 또 씻기는 것을 하루에도 서너 차례 반복하다 보면 눈코 뜰 새도 없었지. 그러나 무엇보다도 참담한 것은 날로 심하게 변해가는 어머니를 속수무책 보고만 있어야 한다는 점이야." 친구는 눈시울을 붉히며 잠시 말을 쉬었다. "헌데 며칠 전엔 기르던 고양이를 목 졸라 죽여 옷장 속에 숨기곤 시치미를 떼시더라고." 듣던 나는 너무 놀랍고 섬뜩해 머리가 띵했다.

그 일이 있은 후 동생들의 권유도 있고, 좀더 적극적으로 치료를 받아야겠다는 판단이 들어 다시 요양시설을 생각했다고 한다. "그전보다는 시설도 좋고 안전한 곳 같은데 재정보증인을 세우라기에 네게 부탁한 거야." 그러나 친구의 얼굴은 아까보다 훨씬 더 어두웠다. 식사라도 하자는 나의 말에 손사래를 치며 그는 서둘러 갔다.

친구의 경우처럼 우리 사회도 치매로 인해 갈팡질팡 흔들리는 가정이 늘다보니 이젠 강 건너 불만은 아닌 것 같다. 더욱이 병의 특성상 개인이나 가정이 책임지고 보살피기엔 너무 벅찬 일이다. 이제야말로 사회가 나서서 좀더 실질적인 대책을 마련할 때가 온 것은 아닌지 여러 가지 궁리를 하며 집으로 오던 중, 나는 파출소 앞을 지났다. 그런데 너댓 시간이 지났음에도 아까 그 할머니가 여전히 앉아계시는 것이 아닌가. 염려가 돼 찾아 들어간 나에게 "좀 전에 아드님과 통화가 됐어요. 걱정이 이만저만이 아니던데, 곧 도착할 거예요. 살살 달래서 뒤져보니 안주머니에 전화번호 쪽지가 있더라고요." 경찰관은 간략하게 설명했다.

나를 전혀 알아보지 못한 채 할머니는 의자에 앉아 두 다리를 앞뒤로 흔들며 노래를 흥얼대고 계셨다. "울고 왔다 울고 가는 설운 사정을/ 당신이 몰라주면 그 누가 알아주나요. // 알뜰한 당신은 알뜰한 당신은/ 무슨 까닭에 모른 척 하십니까요." 할머니가 젊은 시절 자주 불렀을 유행가 한 구절을 고개까지 까닥이며 계속 반복해 부르는 거였다. 나는 그만 코끝이 아려왔다.

이제 내일이면 그렇게 싫은 요양병원으로 다시 가야 할 친구 어머니와 아무것도 모른 채 노래를 흥얼대는 저 할머니, 그리고 수심이 가득차 울가망이 된 친구의 얼굴과 허둥지둥 파출소를 향해 달려오고 있을 또 다른 아들의 근심 어린 얼굴이 겹쳐지자 나도 모르게 긴 한숨이 새어 나왔다.

어느덧 해는 저물어 서쪽 하늘을 온통 붉게 물들였다. 지는 해는 저렇듯 아름다운데 우리네 인생은 저물도록 왜 이토록 맵고도 짠지 도대체 모를 일이다.

달걀 한 판

 글은 그 사람이다. 글을 쓴다는 것은 자신의 모든 것 - 사상과 감정 그리고 인격과 지식을 고스란히 담아 밖으로 드러내는 일이다. 따라서 글을 발표하거나 책으로 묶어내면 거기에 따르는 모든 책임은 두고두고 본인이 져야 한다.
 지난 십여 년, 여기저기 글을 발표하면서 격려의 편지와 메일은 서너 차례 받아봤지만 잘못된 곳을 지적하며 바로잡도록 일러준 글은 이번이 처음이다.
 3주 전이다. 한가한 휴일 저녁, 무심히 전자메일을 확인하고 있었다. 걷잡을 수 없이 쏟아지는 스팸메일 속에서 '선생의 수필집 ≪여전히 간절해서 아프다≫를 읽고'라는 제목이 눈에 들어왔다. 뜻밖이었다. 간행한 지가 벌써 3년이 다 된 책인데 새삼스럽다는 생각과 함께 보낸 이를 확인하니 전혀 모르는 사람이었다. 서둘러 앉음새를 바로 한 나는 메일을 열었다.
메일의 전문全文이다.

책이나 인터넷을 좀 오래 보고 있으면 눈이 침침해질 나이라 불편했지만 선생의 수필집을 끝까지 읽고 많은 감명을 받았소이다. 주변에서 일어나는 생활상이나 느낌을 지루하지 않게 써 주신 작품은 문외한이 보아도 수준급이어서 주위에 권하고 싶은 책입니다. 그런데 옥에 티라고 제가 농사를 짓다 보니 잘못 아신 게 있어 조언해 드리고자 합니다.
296쪽 "일반적으로 닭은 양계와 육계로 나눈다. 달걀을 얻기 위해 기르는 닭이 양계고 삼계탕이나 일반 튀김용의 재료가 되는 닭이 육계다."에서 '양계'는 '산란계'로 바꿔야 맞습니다. 양계는 닭을 기른다는 뜻이고 기르는 목적에 따라 알을 취하는 산란계와 고기를 먹는 육계로 분류해야 합니다. 불쾌하셨다면 죄송합니다. 안녕히 계십시오. - 전라남도 장성에서 농민독자가…….

아차! 싶었다. 메일 내용을 읽는 순간 무엇이 잘못됐는지 대번에 알아차렸다. 분류分類에 있어 유개념과 종개념에 착오를 일으켰던 것이다. 수없이 퇴고를 하고 여러 번 교정을 보았건만 내 눈은 이 오류를 끝내 걸러내지 못했다. 변명의 여지가 없다. 바로 잘못을 시인하고 고개를 숙일 수밖에…….

난 지체 없이 답신을 보냈다.

제 책을 꼼꼼히 읽고 그릇된 곳을 바로잡아주셔서 고맙습니다. 제가 잘못 생각한 것이 분명합니다. 좀 더 주의를 기울이지 못한 점 부끄럽게 생각합니다. 그저 양계업의 각박한 실상이 가슴 아파 써본 글인데 감정이 너무 앞섰던 모양입니다. 앞으론 세밀한 부분까지도 신경 쓰며 글을 쓰겠습니다. 혹시 다른 글에도 잘못된 곳이 있다면 애정 어린 충고를 부탁드립니다. 늘 평안하시길 기원합니다.

발송을 하면서도 민망한 생각에 얼굴이 화끈거렸다.
다음날 아침이다. 눈을 뜨자마자 곧바로 컴퓨터 앞에 앉았다. 그 분이 내 답신을 읽어보았는지가 궁금해서였다. 그런데 읽은 건 물론이거니와 새 메일이 도착해 있었다.

늙은이가 괜한 짓을 했나봅니다. 괘념치 마십시오. 실은 좋은 글을 읽게 해주어 고마운 마음이 굴뚝같았었는데 너무 오지랖이 넓었나 봅니다. 그리고 혹시 주소를 알려주시면 양계에 대한 책자 몇 권을 보내드리고자 합니다. 불편하시면 사양하셔도 괜찮습니다. 내내 건필하시길 기원합니다.

간략하지만 따뜻한 답신이었다. 나는 이후에도 크게 필요할 것 같지는 않았지만 보내겠다는 책자가 궁금했다. 그래서 거듭 감사의 뜻을 전하며 주소를 보냈다.
 그리고 사나흘이 지났다. 초인종이 울려 나가보니 택배기사가 커다란 물건 하나를 불쑥 건네는 거였다. 크기가 자그마치 라면박스만 했다. 그런데 포장방법이 특이했다. 받아들고도 신기해 이리저리 한참을 살펴보았다. 안에는 단단히 고정된 채 종이로 싼 내용물이 훤히 보이는데 겉은 빵빵하게 공기가 채워진 투명한 비닐이 감싸고 있어 던지거나 떨어뜨려도 아무 이상 없도록 만들어져 있었다.
 '책을 뭣 때문에 이렇게까지 포장했을까.' 난 내심 투덜거리며 손에 가위를 든 채 한참 동안 애를 먹었다. 특수하게 포장된 비닐은 뜯는 것도 손이 많이 갔지만 몇 겹을 둘러놨는지 부피도 상당했다.
 '그런데 이게 뭐지?' 난 그만 어이가 없어 말문이 막혔다. 애써 꺼낸 물건은 책이 아니고 달걀이었다. 깨끗한 연갈색 달걀 서른 개가 케이스에 담긴 채 다시 골판지로 정성스럽게 싸여 있었다. 아무리 뒤져봐도 보내겠다던 책자는 보이지 않았다. '도대체 무슨 일이람!' 난 달걀을 펼쳐놓은 채 한참을 우두커니 바라보고 있었다.
 '고마우니 보냈을 테지!' 하다가도 도무지 납득이 되지 않아 고개를 가로저으며 컴퓨터를 켰다. 그리고 달걀을 잘 받았다는 인사와 함께 무슨 영문인지 몰라 황망하다는 내용의 메일을 보냈다. 귀한 것을 보내주셔서 몸 둘 바를 모르겠다는 이야기도 덧붙였다. 그러나 2주가 지나도록 묵묵부답 어떤 회신도 받지 못했다. 달걀은 점점 줄어드는데 말이다.

  글을 쓸 때 가장 염두에 두는 것은 독자들에게 공감을 얻고 그들에게 감동을 선사해야 하는 일일 게다. 그러기 위해 무엇보다도 신경 써야 할 일은 정확한 지식과 정보를 바탕으로 진솔하게 엮어가되 표현에 있어서도 한 치의 어긋남이 없어야 한다는 점이다.

  이번에 나는 준엄하지만 자상한 독자를 만나 어설픈 나의 글쓰기를 되짚어 볼 수 있었다. 진정 감사해야 할 일이다. 하지만 그의 매서운 회초리에 멍든 종아리는 아마도 오래도록 따끔거릴 것이다.

3부

침묵의 매
모든 벽은 문이다
비닐봉투 속 손목시계
생인손
명배우는 태어나는 것인가?
따뜻한 손
홍합미역국
키 작은 해바라기
시린 시대를 살다
밥이 지팡막대라

침묵의 매

퇴근길에 우편함에서 꺼내온 미술전람회 초대장. 수신인은 나고 발신인은 B였다. 이십 년이 넘었건만 지금까지도 또렷이 기억나는 이름을 한 번 더 확인하며 봉투를 뜯던 나의 손은 가볍게 떨렸다.

"안녕하세요? 선생님 은혜를 잊지 못하고 사는 B입니다. 아직도 고개를 들지 못할 만큼 부끄러워 수없이 망설였지만, 선생님께선 분명 저를 기억하고 계실 거라는 생각에 염치없이 펜을 들었습니다. 굳이 뵙고 싶어서가 아닙니다. 그나마 이렇게라도 사람 노릇하고 있음을 알려드려야 선생님께 진 빚을 조금이나마 갚는 거라 생각해 용기를 냈습니다. 늘 건강하시고 평안하시길 기원합니다. 안녕히 계십시오." 초대장과 함께 보낸 화집畵集의 속표지에 짤막하게 적힌 글이었다.

지금으로부터 정확히 21년 전 일이다. 그는 고등학교 2학년, 내가 담임을 맡았던 반 학생이었다. 또래보다 덩치가 컸던 그는 수굿하니 맡은 책임을 다하는 순한 학생이었다. 하지만 사춘기 아이들의 성(性)에 대한 관심은 봄날 터지는 꽃망울처럼 걷잡을 수 없다지 않던가? 바로 그 관심이 빚은 사건 때문에 그와 내가 치른 곤욕은 지금 생각해도 아뜩하다.

"아! 네. 제가 담임 맞습니다. 아니, 경찰서라니요? 절대 그럴 학생이 아닌데요. 네. 네. 제가 지금 바로 가겠습니다." 학급을 맡은 지 두 달 남짓, 경찰서로부터 걸려온 전화를 난 허둥대며 받았다. 일요일 오전 9시경이었다. 대체 무슨 영문인지 몰라 어리둥절하고 있을 때 다시 B의 어머니가 전화를 했다. "선생님! 너무 죄송합니다. 우리가 어떻게든 해결해 보려 했지만 피해자가 너무 강경해 손을 쓸 수가 없네요. 혹시 선생님께서 오시면 도움이 될까 싶어 이렇게 연락을 드렸습니다. 우리 애 좀 살려주세요! 정말 면목 없습니다." 울먹이는 목소리는 심하게 떨렸다.

경찰서에 도착한 난 상황이 생각보다 심각함을 알았다. 놀랍게도 두 손에 수갑을 찬 B는 긴 의자 한쪽 구석에 웅크리고 있었고, 그의 부모는 앉아있는 피해 여성에게 머릴 조아리며 용서를 빌고 있었다. 그녀는 20대 중반쯤으로 얼핏 봐도 여염집여자로 보이진 않았는데 고개를 외로 돌린 채 시선조차 맞추려 하지 않았다.

어처구니없는 사건은 오늘 새벽에 일어났다. 연립주택 3층에 살던 B는 두어 달 전부터 맞은편 1층 여자의 집을 몰래 훔쳐봐 왔다는 것이다. 그러다 오늘 새벽엔 엿보는 것만으로 그치지 않고 급기야 베란다 창문을 통해 잠입했고, 놀라 소리치는 그녀의 입을 틀어막자 엎치락뒤치락 몸싸움이 됐던 것이다. 때마침 순찰 중이던 경비가 뛰어 들어와 사태는 바로 수습됐지만 주민의 신고로 경찰이 출동했던 거였다. 천만다행으로 여자가 다친 곳은 별반 없었다. 그러나 아무리 철없는 나이에 저지른 일이고 우발적이라곤 하지만 무단주거침입에 폭행죄는 면할 길이 없었다. 오히려 사건 경위를 자세히 듣고 나니 해결할 길이 더더욱 막막했다.

  B의 부모와 난 어쩔 바를 모르고 있었다. "학생이라는 점을 감안해 최대한 선처하려 해도 반드시 필요한 게 피해자와의 합의입니다. 저분께서 어떤 방법으로든 합의해주지 않으면 문제는 아주 어렵게 됩니다." 담당형사는 우리를 불러 피해자가 고소를 취하하도록 끈질기게 설득하는 방법 외에 별 뾰족한 수가 없다고 말했다.

  하지만 그녀의 태도는 완강했다. 의자에 꼿꼿이 앉아 '법대로 처리해 달라'는 말 이외엔 어떤 말도 하지 않았다. 더욱이 시종일관 입을 다물고 있어 우리의 말엔 도무지 반응을 보이지 않았다. 시간은 마냥 흘렀고 이러다 검찰에 송치되면 벌을 면키 어렵다니 화급한 상황이 아닐 수 없었다.

그녀의 이런 행동을 이해하지 못하는 것은 아니다. 더구나 그녀의 처지를 고려한다면 이 정도의 분노는 오히려 당연한 일인지도 모른다. 하지만 부모와 담임으로선 어린애가 순간적으로 저지른 일인데 차마 그 죗값을 고스란히 치르게 할 수는 없었다. 절박했지만 별다른 방법이 떠오르지 않았다. 난 B의 아버지와 함께 그녀 앞에 가 무릎을 꿇었다. 그리고 진심을 다해 마지막으로 사정을 했다. "앞길이 창창한 어린 학생 아닙니까? 사실 이번 일은 잘못 가르친 우리들 죄가 큽니다. 일어나서는 안 될 일이라 말하기조차 민망합니다만 제발 한 번만 용서해 주시면 고맙겠습니다. 그저 철딱서니없는 막내동생 하나 살려 준다 셈치고 노여움을 푸시길 간곡히 부탁드립니다." 난 진정을 담아 통사정을 했고 B의 아버지는 두 손이 닳도록 수없이 빌며 고개를 떨궜다.

이때였다. 사무실 한구석에 짐짝처럼 앉아있던 B가 미끄러지듯 바닥에 엎어지더니 소리 내어 울며 말했다. "엄마, 아빠! 미안해. 제가 왜 그랬는지 모르겠어요. 선생님! 죄송해요." 그리곤 무릎걸음으로 비칠대며 다가와 그녀에게 "제가 잘못했어요. 다신 안 그럴게요. 용서해 주세요. 정말 이번만 용서해주면 절대 안 그럴게요." 잔뜩 겁에 질린 듯 큰 몸을 부들부들 떨며 계속 울어댔다.

잠시 후, 그녀는 힘겹게 입을 열었다. 그리고 B를 용서한다며 선선히 고소를 취하해 주었다. 우린 각서를 비롯한 몇 가지

서류에 일일이 서명하고 경찰서에서 아이 데리고 나올 수 있었다. "집에 가시면 어떤 말도 하지 마세요. 오늘 우린 아무 일도 없었던 겁니다. 이런 일은 시간이 해결해 줄 때까지 기다려야 해요." 난 죄송하다는 말만 되풀이하는 B의 부모에게 거듭 부탁했고 고개를 들지 못하고 서 있는 B의 등을 가볍게 도닥였다.

그리고 그 날 이후 단 한 번도 B에게 그 일에 대해 언급한 적이 없었다. 용서의 표현을 오로지 침묵으로 일관한 나의 행동이 과연 옳았는지는 잘 모른다. 하지만 B가 남은 학교생활을 반듯하게 마쳤고 자신이 희망하던 미술대학에 입학했다는 소식을 듣고 당시 난 진심으로 기뻐했다. 그리고 이제 그 기억의 뼈대만 앙상히 남아있을 때, 뜻밖의 초대장을 받고 보니 그 감회가 남달랐다.

며칠 후, 나는 전람회장을 찾았다. 나를 보는 순간 멈칫하던 B는 잰걸음으로 다가와 깊이 머리를 숙였다. "선생님! 와 주셨군요. 꼭 오십사 한 건 아닌데 너무 감사합니다." 그와 악수를 한 나는 그림을 둘러보고는 "색채가 밝아서 참 좋아 보이네."라고 치하했다. 그러자 그는 선생님의 '침묵의 매'가 오늘날 자기를 있게 했다며 조심스레 말문을 열었고 난 서슴지 않고 그의 말을 받았다. "아마 당시 침묵보다 더 좋은 말이 생각나지 않아서 그랬을 거야." 내가 빙긋 웃으며 그의 얼굴을 바라보자 그의 눈엔 촉촉이 물기가 배어있었다.

'침묵은 금'이란 말이 여전히 진리라는 것을 나는 다시금 확신할 수 있었다.

모든 벽은 문이다

　제자 P와의 인연은 각별했다. 고등학교 1학년 때는 담임이면서 국어를 가르쳤고, 2학년 땐 담임은 아니지만 문학을 맡아 주당 네 시간이나 함께했다. 3학년엔 다시 학급담임이 되어 교과뿐만 아니라 진학 전반에 관한 상담 및 조언을 해주었다. 오랜 교직생활 중에서도 이렇듯 삼 년 내리 인연이 되는 경우는 매우 드물다.
　P는 성실한 학생이었다. 30년이 지난 지금까지도 그를 생각할 때면 가장 먼저 떠오르는 단어가 '성실'이다. 지각이나 결석은 물론, 친구와 어울려 떠드는 일도 없고, 수업 중 졸거나 한눈파는 모습도 기억나지 않는다. 등교를 하면 하교할 때까지 늘 바른 자세로 자리를 지키는 반듯한 학생이었다. 게다가 정리정돈은 지나칠 정도였다. 단정한 차림새는 물론이고 책상

속과 사물함, 그리고 가방과 필통 속을 보면 혀를 내두를 지경이었다.
　그런데 도무지 납득할 수 없는 일이 있었다. 바로 성적이었다. 더할 나위 없이 착실함에도 노상 하위권을 면치 못했다. 아니 거의 바닥에 가까웠으니 딱한 일이었다. "차라리 다른 애들처럼 밖으로 나돌며 제 맘껏 놀기라도 했으면 좋겠어요. 집에서도 빈틈없는 건 말도 못해요. 학교에서 돌아오면 바로 씻고 책상에 앉는 거예요. 그리고 돌부처처럼 자리를 지키고 있는데 오히려 보는 제가 숨이 막혀요. 그러니 본인은 얼마나 힘들겠어요. 대체 이 일을 어쩌면 좋죠?" P의 어머니는 눈물을 글썽거렸다.
　모르거나 잘못했을 때 바로 잡아 주는 것이 교육일진대, 공부는 스스로 해야 한다며 열심히 노력하는 학생에게 무슨 말이 필요하단 말인가? 그러나 성적이 나올 적마다 막막했던 난 그를 몰아세우기 일쑤였다. 개념 정리부터 다시 하라고 목청을 높였고, 오답노트를 만들어 틀린 문제를 검토하라고 으름장을 놨다. 그래도 소용이 없자, 통째로 외우라고 소리쳤고, 나중엔 다 필요 없으니 닥치는 대로 문제를 풀라고 눈을 부라렸다. 그래도 성적은 요지부동이었다. 맥이 풀렸다. 더 이상 어쩔 도리가 없었다. 미안함과 답답함이 범벅이 된 채 고개를 들지 못하는 그의 모습은 언제나 내 가슴을 아리게 했고 딱한 마음에 다시금 그의 등을 두드리게 만들었다.

성적은 끝내 좋아지지 않았다. 대학 진학을 포기한 그가 미국에 간다고 나를 찾아온 것은 졸업식을 마친 지 보름 만이었다. 여전히 단정한 모습과 조심스런 말투로 인사를 건네는 그에게 "넌 성실하니까."라는 공허한 말을 되풀이하며 나는 배웅했다.

그리고 30년이 지났다. 간혹 어떻게 지내는지 궁금했지만 속절없이 흘러간 시간이었다. 그런데 며칠 전 우연히 SNS를 통해 그를 만날 수 있었다. P가 내게 친구 요청을 해온 것이다. 놀랍고 반가워 흥분을 감추지 못한 채 우린 한동안 문자로 대화를 나눴다.

그는 국제변호사가 되어 가족과 함께 캐나다에 살고 있었다. 빽빽한 침엽수를 배경으로 아담하게 지어진 그의 집은 그림 같았고 두 딸을 데리고 아내와 찍은 사진 속에는 행복이 한가득 담겨 있었다. 그리고 편하게 웃는 그의 얼굴엔 성공한 중년의 중후함이 우러나왔다. 나는 성실함이 이뤄낸 그의 승리를 대화와 사진을 통해 거듭 확인하며 내 일처럼 기뻐했다. 그때였다. 문득 '모소(Moso Bamboo)'라는 중국 대나무의 특이한 생장 과정이 머릿속에 떠올랐다.

'모소'는 중국 극동지방에서 자라는 희귀한 대나무다. 그곳 사람들은 모소의 씨앗을 심어놓고 꾸준히 물과 거름을 주며 정성을 다해 관리한다. 하지만 이 대나무는 싹이 트고 5년이 지날 때까지 고작 3센티 정도만 자란다고 한다. 그러다가 5년이 경과되고 어느 시점이 되면 6주 동안 자그마치 20미터나 자라 대번에 울창한 숲을 이루는데 어떤 것은 하루에 90센티까지 크는 경우도 있다고 한다. 물론 그 사이 관리를 소홀히 하면 바로 죽고 만다는데, 무엇보다도 놀라운 사실은 겉으로는 성장을 멈춘 듯 꼼짝하지 않던 기간에 땅속 깊이 튼실한 뿌리를 수십 미터나 내렸다가 때가 오면 상상할 수 없을 만큼의 성장을 단박에 이룬다는 것이다.

사람은 슬럼프 때 오히려 더 크게 성장할 수 있다. 또 달릴 때보다 제자리걸음을 하고 있을 때 속으로 더 많이 자라기도 한다. 우리의 목표 달성도 이런 것은 아닐까? 일정기간 묵묵히 공을 들이고 끊임없이 정성을 쏟아야 이루어지니 말이다.

"선생님! 모든 벽은 문이었어요. 하지만 어떻게 뚫어야 문이 되는 줄 몰라 너무 오래 갇혀 있었어요." 얼마 후, 처음 한 전화 통화에서 그가 내게 한 말이었다.

난 P의 성공에 대해 복잡하게 생각하고 싶지 않다. 더욱이 우리나라와 미국의 교육제도를 비교한다거나 장단점을 따져 문제점을 가리고 싶지도 않다. 그리고 한국에서는 불가능하다고 판단해 미국행을 선택한 부모의 빠른 결단을 치하할 생각도 없다.

그저 스스로 무너지지 않고 남달리 노력했던 그의 성실성에 끝없는 갈채를 보내며, 도저히 뚫릴 것 같지 않은 견고한 벽 앞에서 수없이 두드린 망치질로 끝내 문을 만들고 나온 P의 행동에 대나무 '모소'의 독특한 생태를 겹쳐보고 싶을 뿐이다.

 설마 '모소'의 성장 기간을 5년이 아닌 6주로 생각하는 사람이 있겠냐마는 '모소'가 기다렸던 위대한 5년을 생각하며 제자 P의 성공을 진심으로 축하해 주고 싶다.

비닐봉투 속 손목시계

낭패였다. 내일 아침 출근을 위해서는 20시 발 서울행 열차를 탔어야만 했는데, 그만 예약된 기차를 놓치고 만 것이다.
지난겨울, 나는 친척의 결혼식이 있어 부산엘 갔던 적이 있었다. 오랜만에 만난 친척들의 환대도 뿌리칠 수 없었지만, 취하면 느긋해지는 나의 술버릇이 문제였다. 결혼식을 마치고 시작된 피로연은 술자리로 이어졌고 몇 번이나 눈짓으로 만류하는 아내를 모른 채 한 호기가 일을 이 지경으로 만들고 말았다.
"사정이 딱해서 그러니 어떻게 서울 갈 방법이 없을까요?"
매표창구에 매달려 사정하는 아내의 모습을 보니 슬며시 걱정이 되며 먹은 술이 확 깨었다. 나의 출근도 문제지만 집에서 기다릴 아이들 걱정에 아내는 안절부절못하는 것이었다.

하지만 애타는 심정에도 불구하고 난처해하는 매표원의 표정을 보니 별 뾰족한 수가 없어 보였다. 부산에서 서울까지 가까운 거리도 아니고 참 난감하기 짝이 없었다.

이 때였다. 초초해 하는 우리의 모습을 사무실 안에서 바라보던 한 역무원이 나를 유심히 쳐다보며 다가오는 것이었다. "혹시……. 선생님 아니십니까? 기억하실지 모르겠네요. 저 우영인데요. 박우영!" 설혹 생각이 덜 나도 알은체해야 할 판에 다행히도 고등학교 3학년 때 담임을 했던 제자를 만난 것이다. 마치 지옥에서 지장보살을 만난 듯 놀랍고 반가웠다.

잠시 후, 그는 사복으로 갈아입고 나왔다. "염려 마세요. 매 열차마다 다급한 일을 위한 예비표가 있어요. 바로 다음 차로 가실 수도 있지만 제가 선생님을 그냥 이렇게 보내드릴 수가 없어서……. 11시 20분, 주무시면서 올라가실 수 있는 침대칸이에요. 선생님! 그건 그렇고 어서 가시죠." 나는 안도의 한숨과 함께 선택의 여지없이 그의 말을 따를 수밖에 없었다. 흥분한 듯 서두는 그를 따라 역 근처 음식점으로 자리를 옮겼다. 저녁을 잔뜩 먹은지라 여러 차례 마다했지만 막무가내였다. 전혀 예상치 못했지만 고맙고 반가운 자리가 아닐 수 없었다.

우영이를 처음 만난 것은 십여 년 전이다. 그는 도무지 말이 없고 유난히 왜소했으며 야코가 죽어 언제나 침울했었다. 고등학교 1학년 때, 사고로 부모를 동시에 잃고 4살 위 누나와 함께 힘들게 생활하고 있어서 늘 마음이 쓰이던 제자였다.
1학기가 끝나갈 즈음, 등록금이 2기분이나 밀리자 결석이 잦아졌고, 걱정이 된 나는 수소문 끝에 찾아간 적이 있었다. 우영이는 누나가 근무하는 출판사 건물의 층계 밑, 두어 평 되는 사선斜線의 공간(흔히 허드레 물건이나 청소도구 등을 보관하는 곳)에 방을 꾸며 살고 있었다. 나를 보자 고개를 숙인 채 여전히 말이 없었고, 동생만큼이나 작은 누나 역시 아무 말도 못한 채 어쩔 바를 모르고 있었다. 유독 키가 작은, 그래서 훨씬 안쓰러워 보이는 남매. 너무나 힘겹게 생활하는 이들을 위해 어떤 도움도 줄 수 없음에 가슴이 미어졌다.
학교로 돌아온 나는 몇몇 주변 선생님들의 도움으로 반별 모금운동을 벌였고, 장학금을 받아 주었다. 큰 도움은 못 되었다 하더라도 등록금 걱정은 덜었고, 생활하는 데도 약간의 도움이 될 수 있어서 다행이었다.
그 후, 어렵사리 졸업을 했고, 10년이 훨씬 지나 부산에서 이렇듯 우연히 만난 것이었다. 졸업을 한 후 한 번도 소식을 들을 수가 없었다. 워낙 말이 없어 특별히 가깝게 지내던 친구도 없었다. 나는 간간이 우영이를 생각하면서 걱정과 함께 서운함도 함께 갖고 있었다. 한 번쯤은 소식을 전해야 하는 것은 아닌지 하고 야속한 생각도 없지 않았다.
짧은 시간이었지만 궁금한 것이 많은 나에게 그는 힘겹게 살아온 지난 일들을 앞뒤 없이 말했다. 졸업 후 암담했던 시절,

그리고 그 까마득한 절망을 딛고 성실히 노력해서 된 철도공무원, 재일교포에게 시집가 현재 일본에 살고 있는 누나. 작년에 결혼해서 사흘 전에 첫딸을 나은 아내, 말하는 것이 학교 다닐 때 보다는 훨씬 나아진 듯 그간에 있었던 일들을 조용히 전했다. 하지만 나와의 시선은 여전히 피한 채 상모서리를 보면서 말이다. 그날 나는 그의 아내와 누나하고도 통화를 했다. 그동안 너무 많은 이야기를 들어 마치 잘 아는 분 같다는 그의 아내와 흐느끼는 듯 감사했었다는 말만을 되풀이하는 그의 누나. 목소리에 진심이 담겨있었다.

시간은 순식간에 흘러갔다. 기차를 타야 할 시간이 촉급했다. 우리는 다시 서둘러 역으로 갔고, 처음 타보는 침대열차에 어리둥절해 하면서 객차에 올랐다. "선생님! 잠깐만……." 그는 다시 개찰구 쪽으로 뛰었다. 무슨 영문인지 모르는 나는 다 된 출발 시간을 기다리면서 그가 뛰어간 쪽을 초초히 바라보고 있었다.

그가 다시 나타난 것은 출발 직전이었다. 겨울인데도 땀을 뻘뻘 흘리며 숨이 턱에 찬 그는 검은 비닐봉투 하나를 불쑥 내미는 것이었다. 열어보니 포장도 못한 손목시계 두 개가 들어있었다. "시간은 없고 뛰어다녀봤자 마땅한 것이 없어 역 앞 노점에서 샀어요. 졸업 전, 선생님께 감사하다는 말씀 꼭 드리고 싶었는데 왜 그렇게 부끄러웠는지 모르겠네요. 내내 후회했어요. 하지만 언젠가는 꼭 뵙고 싶었어요. 결혼해서 행복하게 사는 모습도 정말 보여드리고 싶었구요. 아마 제 간절한 염원이 우연을 만들었나 봐요. 집사람과 아이 데리고 한번 갈게요. 선생님 정말 감사했어요." 수없이 연습한 배우의 대사처럼 빠르게 말을 마친 그의 눈은 젖어 있었다. 나는 악수를 청했다. "나도 너무 기쁘다. 참 잘 자라 주었구나." 그는 내리고, 기차는 천천히 움직이기 시작했다. 모든 걸 지켜보고 있던 아내는 눈물을 흘리며 창밖을 향해 손을 흔들고 있었다.

　우영이는 그동안 나에 대한 고마움을 가슴속에 고스란히 간직하고 있었던 거다. 아니 그 고마움을 자신의 성장과 함께 키워나갔는지도 모른다. 그의 말대로 간절한 염원이 우연을 만들어 줄 때까지 잘 가꾸어 아주 예쁘게 만든 것 같았다. 그것도 모르고 혼자 생각에 서운해 하고 야속해 했던 내가 참 칠칠찮게 느껴졌다. "은혜는 돌에 새기고, 원한은 물에 새긴다."는 속담을 "받은 은혜는 돌에 새기고 베푼 은혜는 물에 새긴다."는 말로 바꾸면 더 좋지 않을까? 남을 진정으로 돕고 그의 아름다운 앞날을 따뜻한 마음으로 기다려 준다는 것이 얼마나 힘든 일인지 깨닫게 되었다.

　서너 달 지나, 우영은 아내와 함께 자신을 꼭 빼닮은 딸을 안고 우리 집을 찾았다. 인형 같은 딸아이를 번갈아 안으며 행복해하는 세 식구의 모습에선 통통 튀는 피아노소리가 계속 들리는 듯했다.

생인손

손톱을 깎다 덜 깎인 것을 억지로 잡아 뜯자 손톱눈의 살점이 파이며 피가 배어나왔다. 오른손 검지였으나 별일 있겠나 싶어 휴지로 닦곤 그냥 두었다. 피는 바로 멈추었지만 시간이 지나면서 조금씩 붓더니 다음날 아침엔 쿡쿡 쑤시기까지 했다. 미국으로 출발할 날은 점점 다가오는데 곪은 손가락이 낫지 않아 걱정이었다.

이번 미국행은 조금 특별한 거였다. 30년 가까이 교직에 있다 보니 해외에 사는 제자들이 꽤 있는데, 뜻밖에도 LA에 거주하는 제자들이 합심하여 사은謝恩의 자리 겸 몇 군데 볼 만한 곳을 모시고 다니겠다고 제안을 해온 것이다. 처음엔 주저했지만 일을 주관하는 제자 치용이가 어찌나 극성을 떨며 권유하던지 응하지 않을 수 없었다. 붕대로 감은 손가락을 이리저리 아끼며 여행 가방을 챙겼는데 통증이 아직 그대로여서 몹시 신경 쓰였다.
 출발을 며칠 앞두곤 소소한 염려로 치용이가 매일 전화를 해 댔다. "선생님께 배운 제자가 40명이 넘어요. 오시기만 하면 모두 반가워들 할 테고, 선생님도 흐뭇하실 거예요."라며 줄줄이 주워섬기는 이름들 중엔 또렷하게 기억나는 사람도 여럿이지만, 세월에 깎여 아슴푸레한 기억 속에 그저 흐리마리한 이름도 적지 않았다.
 하지만 그 이름들 속에 20년이 넘었어도 어제 일처럼 분명히 기억되는 제자가 하나 있었다. 아직도 간간이 생각이 날 때면 쓰린 마음에 속이 짠한 U였다. 불우한 환경 속에서도 쉼 없는 노력으로 늘 좋은 성적을 유지했고, 야코죽어 말수는 적었지만 맡겨진 일은 언제나 제대로 매듭 짓던 성실한 학생이었다. 그러나 운명은 줄곧 그에게 가혹했다.
 어린 시절 부모의 이혼으로 할머니와 둘이 생활해 왔는데, 지방에서 노동을 하며 생활비를 대던 아버지마저 당뇨 합병증으로 앓아 눕자 아깝게도 대학 진학을 포기할 수밖에 없었다. 이것저것 방법을 생각해보자는 내 권유에도 불구하고 당장 목을 죄는 생활의 어려움을 감당치 못한 그는 입학시험에 응시조차 하지 않았다. 졸업 후 그가 택시 운전을 한다는 얘기와 함께 아버지가 돌아가셨다는 소식을 전해 들었다.
 U와의 인연은 내가 담임을 맡던 해부터였다. 당시 고3 수험

생이던 그가 연락도 없이 나흘째 결석을 하자 걱정이 된 나는 그의 집을 찾아 나섰다. 전화 통화마저 안 돼 무작정 주소를 들고 찾아간 곳은 동대문구 신설동 낙산 기슭이었다. 가파른 층계를 수도 없이 올라가니 아직도 서울에 이런 곳이 남아 있나 싶을 정도의 판잣집들로 빼곡한 동네가 나타났다. 비 오듯 쏟아지는 땀을 닦으며 그의 집에 들어서자 관절염이 도져 꼼짝 못하는 할머니와 부끄러워 귀까지 붉어진 그가 몹시 놀라며 방문을 열었다.

"사는 게 이래요. 내가 이렇게 아파 저것이 학교를 못 갔네요. 죄송해서 어쩌지요. 예까지 오셨는데." 낮인데도 침침한 방안에서 할머니는 말끝을 흐렸다. 이때 부엌 쪽에서 달그락달그락 소리가 들렸다. 반쯤 열린 문틈으로 내가 들여다보자 주황색 비닐바가지를 수저로 젓던 U가 "날씨가 더워 설탕물 좀. 근데 설탕이 잘 녹지 않아서……."라고 겨우 들릴 정도로 말했다. 나는 괜찮다며 바가지째로 받아 벌컥벌컥 들이켰다. 그리고 할머니께 말씀드리고 동네 중국집으로 그를 데리고 갔다. 자장면을 시켜 둘이 먹으며 가난과 절망, 그리고 아무리 힘겹더라도 마지막까지 쥐고 있어야 할 희망에 대해 꽤 긴 시간을 이야기했다. 지금도 U를 생각할 때면 비닐바가지에 타준 설탕물과 허겁지겁 먹던 자장면이 어김없이 떠오른다.

내가 그를 다시 만난 것은 졸업한 지 10년쯤 지난 초겨울 늦은 밤이다. 시내에서 술을 잔뜩 마시고 택시를 탄 나는 행선지를 밝힌 후 이내 졸기 시작했는데 얼마나 지났을까 "선생님! 댁에 다 오셨어요. 이렇게 뵙게 되네요. 너무 죄송해요." 놀란 내가 정신을 차리고 쳐다보니 U가 분명했다. 다급하게 그간의 소식을 묻곤 연말에 한번 보자고 연락처를 주었다. 그러나 해가 바뀌어도 소식이 없던 그가 이듬해 봄, 느닷없이 미국을 간다며 연락을 해 왔다. 할머니마저 돌아가시고 없는 서울이 이젠 싫고, 또 거길 가면 지금보다야 뭐가 나도 낫지 않겠냐며 작별인사를 했다. 갑작스러운 그의 통보에 나는 변변한 당부의 말 한마디도 제대로 해주지 못한 채 어정쩡히 보내고 말았지만, 항상 그의 소식이 궁금하고 걱정되었다.

미국에 도착한 날 저녁, 시내 한 식당에서 환영회가 있었다. 하지만 U는 오지 않았다. 내 눈치를 읽던 치용이는 "며칠 전 만났을 때도 오겠다 했는데 웬일일까요. 말은 안하지만 상한 얼굴이 무척 힘들어 보였어요. 낮엔 여기저기 아르바이트를 하고 밤엔 불법 운전을 한다던데, 거처마저 마땅치 않은 것 같아요." 나는 그만 가슴이 싸하게 쓰려왔다.

한참 후 자리가 파할 즈음, U가 전화를 해왔다. 사정이 생겨 도저히 올 수가 없다는 그에게 나는 괜찮다는 말을 거듭하며 건강이나 잘 챙기라고 당부했다. 하지만 울먹이는 그의 목소리에 가슴이 꽉 미어졌다.

환영회가 있고 난 다음날부터 제자들이 마련한 스케줄에 의해 정신없이 돌아다녔다. 옐로스톤, 그랜드 캐니언 등을 관광

하고 라스베이거스의 화려한 호텔들과 샌프란시스코의 금문교를 구경했다. 그리고 여유 있는 제자들과 바다낚시도 가고 야유회도 가졌으며 집에 초대되어 느긋한 시간을 보내기도 했다. 하지만 끝내 찾아오지 못하는 U를 생각하면 항상 명치끝이 아팠다.

서울로 돌아오던 날, 출국수속을 마치고 몇몇 제자들과 탑승시간을 기다렸다. 이때 치용이가 작은 비닐가방을 내게 건넸다. "아까 낮에 제 사무실로 U가 찾아왔어요. 뵙지 못해 너무 죄송하다면서 이걸 전해 드리라네요. 아마 종합비타민인 것 같아요." 나는 아린 마음에 통화를 부탁했고, U는 한참 만에 전화를 받았다. "선생님! 정말 죄송해요. 죽을힘을 다해 열심히 살게요. 그리고 꼭 한번 찾아뵐게요." 그는 소리를 내며 흐느꼈다. 할 말을 찾을 수 없던 나는 '그래그래' 소리만 반복하며 흐르는 눈물을 맨손으로 훔쳐댔다.

목적지를 정해 놓고도 어떤 길로 가야 할지 모르는 게 다반사고, 맞는 길이라 확신했다가도 샛길로 빠지기 십상인 게 인생인데, 신물 나게 불행했던 서울이 싫어 도망치듯 찾아온 그에게 이곳 또한 녹록했을 리가 있겠는가. 장소만 바뀐 채 그의 고단한 삶은 조금도 나아지지 않았다. 인생은 경주나 시합이 아니다. 그래 누구나 오르막이 있으면 내리막이 있게 마련이어서 굳이 남과 비교할 필요는 없다 하지만, 그렇다고 천지에 의지할 데라곤 전혀 없는 타국 땅에서 무작정 열심히 노력만

한다고 될 일인지, 돌아오는 내 발걸음은 한없이 무거웠다. 고마운 제자들을 뒤로하고 비행기에 탑승했다. 그동안 쌓였던 피로감이 한꺼번에 몰려왔다. 그 때였다. 연일 먹은 술과 피곤함 때문인지 아직도 제대로 낫지 않은 생인손이 다시 아프기 시작했다. 멀쩡한 손가락들 사이에서 유독 벌겋게 부어올라 쿡쿡 쑤시는 손가락을 내려다보며 부유한 나라, 잘사는 친구들 사이에 끼여 고생하고 있는 U의 기운 없는 목소리가 귀에 쟁쟁했다 해뜨기 직전이 가장 어둡다지 않던가. 제발 U가 희망은 살아있는 동안 어느 한순간도 우리를 버리지 않는다는 말을 꼭 기억하길 바라며 뻑뻑한 눈을 감았다.

명배우는 태어나는 것인가
- 배우 이병헌에 대한 몇 가지 기억

"선생님! 끝으로 드릴 말씀이 있습니다." 한 학생이 손을 번쩍 들고 큰 소리로 외쳤다. 일순 소란스럽던 주변이 조용해지며 사람들의 시선이 그에게로 모아졌다.

서울 중동고등학교 3학년 교실, 방금 전 강당에서 졸업식을 마친 학생들을 교실로 인솔해 온 나는 담임으로서 마지막 종례를 하고 있었다. 하지만 평소와는 달리 교실 뒤에는 졸업을 축하하기 위해 참석한 학부모들로 발 디딜 틈조차 없었다.

나는 함께 보낸 지난 1년간의 감회와 이젠 학교를 떠나야 하는 제자들을 위해 간단한 덕담을 전하고 이어서 졸업앨범과 상장 그리고 학교에서 마련한 기념품 등을 나누어 주었다. 그런 다음 한 사람씩 교탁 앞으로 불러내 졸업장을 건네주면서 일일이 악수를 청해 작별인사를 대신하려던 참이었다. 그런데 이런 상황에 그의 행동은 정말 뜬금없는 거였다. 나는 평소 우스갯소릴 잘하는 그가 무슨 엉뚱한 소릴 하려고 저러나 싶어 잠시 머뭇거렸다. 그러나 솔직히 말해 여러 사람들 앞에서 혹시 난처해지는 것은 아닐까 하는 불안감이 먼저 머릿속을 스쳤다.

재학 중, 그는 매우 흥미로운 학생이었다. 비교적 성적이 좋아서였는지는 몰라도 질문을 하거나 대답을 할 때도 우물쭈물하지 않았고 대하는 사람에게도 항상 늡늡하고 당당해 사내답고 자신감이 넘쳤다. 게다가 적당한 크기의 다부진 체격과 실제보다 다소 크게 행동하는 몸짓은 뭇사람의 주목을 자주 받았다.

하지만 무엇보다도 잊히지 않는 것은 뚜렷한 이목구비로 짙은 인상을 남기는 그의 얼굴과 그 얼굴이 짓는 다채로운 표정들이었다. 문학 과목을 강의하던 나는 종종 그가 짓는 표정에 경이로움을 느낄 때가 있었다. 감동 어린 시를 읽거나 소설의 극적인 장면을 설명할 때, 변화무쌍한 그의 표정은 남들보다 훨씬 미묘했으며 끊임없이 바뀌었다.

더욱이 "이 소설에서 주인공이 죽지 않았다면 어떻게 됐을까요?"라든지 "이 시의 계절적 배경이 여름이라면 이미지가 많이 달라질까요?"라고 작품해석이 거의 끝나갈 즈음이면 종종 던지는 기발한 그의 질문 때문에 곤혹스러울 때가 한두 번이 아니었다.

그러다가도 쉬는 시간이면 번번이 당시 유행하던 브레이크 댄스를 신나게 춰 옆 반 학생들까지 몰아오는 등, 교실 안을 한바탕 아수라장으로 만들기 일쑤였다.

"저는 꼭 불문과를 갈 거예요. 아트 디자이너가 꿈이기 때문에 파리로 유학 갈 생각이거든요." 학기 초 상담시간에 그가 내게 한 말이다. 나는 뜻밖이었다. 당시 학교에서 선택할 수 있는 제2외국어가 독일어뿐이어서 그는 프랑스어를 한 번도 배운 적이 없었고, 무엇보다도 여학생들이 선호하는 학과였기에 내신 성적이 상대적으로 불리한 남학생이 지원하는 것은 바람직하지 않아 극구 만류했었다. 하지만 '전공은 자기가 하고 싶은 것을 해야 되는 것 아니냐?'고 오히려 내게 반문하면서 소신을 굽히지 않던 그는 기어이 쓴잔을 마셔야 했고 부득불 한 해 더 고생을 해야 했다.

그가 재수를 시작한 지 얼마 되지 않은 3월 말, 진눈깨비가 추적추적 내리던 날이었다. 퇴근을 하려고 운동장을 가로지르던 내 앞에 그가 불쑥 나타났다. "그냥 선생님이 뵙고 싶어 왔어요. 생각보다 많이 힘드네요." 강강했던 그전 모습과는 사뭇 다르게 풀기가 쭉 빠진 모습이었다. 짙은 색 잠바마저 초췌한 그의 표정을 돕고 있었다.

난 그의 등을 다독이며 근처 중국집으로 데려갔다. 궂은 날씨보다 더 스산한 그의 맘을 녹이기엔 따끈한 짬뽕 국물이 안성맞춤이었다.

"대학은 여전히 불문과를 가겠지만, 배우가 되어 연기가 하고 싶어요. 정말 잘할 자신 있어요." 느닷없지만 조심스레 던지는 그의 말을 듣고 있자니 문득 그가 평소에 하는 말조차 마치 배우의 대사처럼 높낮이가 예사롭지 않았다는 생각이 퍼뜩 들었다. 지금 돌이켜보면 그 때 그 생각이 괜한 것만은 아닌 것 같아 고개를 끄덕일 때가 종종 있다.

그리고 2년이 조금 넘는 어느 날이었다. "선생님 저 KBS 탤런트 공채시험에 합격했어요." 연수원에서 지금 교육중이라는 그의 전화 목소리는 몹시 들떠 있었다. 재수를 마치고 한양대 불문과에 입학한 이듬해쯤 일이었다. 그리고 얼마 안 있어 〈바람꽃은 시들지 않는다〉(유안진 원작)라는 드라마에 출연하게 됐다는 소식을 시작으로 지금까지 연기자로서 탄탄히 자리매김하는 과정을 세세히 알려주며 언제나 살갑게 내 안부를 챙기는 사람이 그다. 혼을 담은 노력은 결코 배신하지 않음을 누구보다도 잘 알고 있는 연기자! 그가 바로 한국을 대표하는 세계적 배우 이병헌이다.

"끝으로 하고 싶은 말이 뭐지?" 나는 손을 들고 있는 그를 지목하며 태연한 척 물었다. 그는 기다렸다는 듯이 벌떡 일어났다. "선생님! 감사드립니다. 그리고 선생님을 정말 사랑합니다." 남학교 교실에선 도무지 어울릴 것 같지 않는 말을 천연덕스럽게 감정을 잡아가며 연극배우처럼 뇌인 그는 주변의 동조를 구하려는 듯 사방을 둘러보았다. 그때였다. 교실 안에 있던 학생과 학부모 모두는 환한 표정을 지으며 박수를 치기 시작했다. 어색해 몸 둘 바를 모르던 나도 가슴 한쪽이 뭉클하며 뿌듯한 감동이 파도처럼 밀려왔다. 삽시간에 교실 안을 감동의 무대로 만든 그는 찡끗거리며 웃는 그만의 특유한 표정을 지으며 자리에 앉았다. 평범한 자리를 특별한 감동의 장으로 연출할 수 있는 능력, 분명 그것은 그만의 독특한 재주임에 틀림없었다.

연기에 대한 그의 집념과 노력은 익히 잘 알고 있다. 그가 이미 출연한 많은 작품 속에서 그가 해석하고 만들어낸 인물들을 생각하면 쉽게 이해가 간다. 하지만 무심코 손만 흔들어도 그게 바로 춤이 되는 무용가처럼, 아니면 입에서 쏟아내면 그대로 시가 되는 천부적 시인처럼 아마 그는 노력 이전에 이미 배우로 태어난 것은 아닐까 하는 생각을 지울 수가 없다.

제자의 양양한 전도를 간절히 기원해 본다.

따뜻한 손

2월 마지막 토요일. 종일토록 추적대던 비가 진눈깨비로 변해 쏟아지던 저녁, 외출을 준비하던 나는 도저히 나설 엄두를 내지 못하고 있었다. 문득 약속을 연기해 볼까도 생각했지만, 친구는 이미 집에서 출발했을 시간이었고, 무엇보다도 내게는 이 약속을 미루지 못할 각별한 이유가 따로 있기에 서둘러 집을 나섰다.

언젠가 공립중학교에 근무하는 친구가 '너의 집 근처 학교로 전근을 왔노라'며 연락을 해왔다. 반가운 마음에 조만간 한번 만나자고 말은 했지만, 번번이 짬을 내지 못하고 차일피일 미뤄오던 터에, 막상 '4년 근무를 마치고 다른 학교로 전근을 가게 됐다.'는 전화를 받고 보니 어이가 없었다. 물론 그동안 다른 모임에서는 몇 번 만났지만, 그렇다고 내 무심함의 책임이 벗겨질 순 없었다. 미안한 마음에 어쩔 줄 모르던 내가 무슨 일이 있어도 전근 가기 전에 꼭 만나야 된다며 서둘러 약속을 정하고 그를 채근했던지라 차마 내 쪽에서 먼저 약속을 미룰 수는 없는 거였다. 바쁘지 않겠느냐며 몇 번이나 사양하는 친구를 굳이 불러내는 것은 저녁식사나 톡톡히 대접하며 '세월이 이렇게 빠른 거냐.'는 너스레로 그동안의 무성의를 사과하고, 소홀했던 우정을 만회해 보려는 속내였다.

집을 나설 때는 번개와 함께 천둥까지 으르렁댔다. 약속장소를 실내로 하지 않고 학교 앞 큰길로 정한 것을 몇 번이나 후회하며 부지런을 떨어 조금 일찍 도착했다. 하지만 친구는 벌써 나와 우산으로 비바람을 이리저리 피하며 아랫도리가 흠뻑 젖은 채 서 있었다. 퍼붓듯 내리는 빗줄기에 인사도 제대로 나누지 못한 우린 허둥지둥 식당으로 걸음을 재촉했다. 자리를 잡고 마주 앉은 후에야 그는 손에 들었던 두툼한 봉투를 내려놓으며 악수를 청했다. 마치 어제도 만났던 것처럼 조금도 어색하지 않게 환히 웃으며 내민 그의 손은 비에 젖었지만 따뜻했다. 항상 누구에게나 겸손하고 남에 대한 배려가 유별났던 친구다. 학창시절부터 보는 이들을 편안케 하던 그의 웃음은 아직도 여전했고, 나이가 들면서 생긴 눈가의 주름은 오히려 둥근 얼굴과 너무 잘 어울렸다. "어느새 4년이 훌쩍 지나가 떠날 때가 되서야 이렇게 만나게 되었다."며 민망해하는 내 말에 만나지 못한 것이 어찌 너의 탓만이겠냐고 다시 웃었다.

빗소리가 들리는 음식점 안은 아늑했다. 오랜만에 자리를 함께한 그와 난 모처럼 정겹고 흐뭇한 시간을 맘껏 즐겼다. 술을 곁들인 식사는 학창시절의 추억담까지 양념이 되어 맛을 더했고, 찬찬한 그의 음성은 분위기를 한결 훈훈하게 만들었다. 4년 동안을 남쪽지역에서 근무했으니 이번에는 다시 북쪽 끝으로 가게 됐다며 무엇보다도 출근시간이 지금보다 훨씬 짧아져 좋다는 것이다. 언제 한번 싫거나 나쁘다는 말을 그의 입에서 들어본 적이 있었던가. 항상 그는 긍정적이고 모든 일에 감사하며 사는 착한 친구였다.

술이 몇 순배 돌자 비가 그렇게 쏟아지는데도 들고 온 두툼한 봉투가 궁금했다. "아! 이거 별거 아니야. 실은 아까 조금 일찍 도착해 근처 문방구에서 산 사무용품 몇 가지야." 우르르 쏟아 보여주는 것은 그의 말대로 자를 비롯해 풀, 지우개, 칼 등 10여 종의 사무용품이었다. 녹색 필통 속에는 각각 다른 색의 플러스 펜과 연필들이 가지런히 들어있었다. 전근 가서 쓸 거냐고 묻는 말에 그는 손사래를 치며, 자기 책상으로 전근 오게 될 선생님을 위해 준비한 것이란다. "처음 학교를 옮겨 가면 당장 쓸 사무용품도 무척 아쉽거든. 별것은 아니지만 조금만 성의를 갖고 준비해 주면 그 사람이 얼마나 고마워하겠어! 아마 내가 누군지 궁금해 하면서 두고두고 요긴하게 잘 쓰겠지. 어제는 책상을 깨끗하게 정리하고 걸레로 서랍 속까지 말끔히 치워놨으니 이제 이 물건들을 책상 속에 놓아두기만 하면 떠날 준비는 모두 끝난 거지." 해맑게 웃는 그의 모습을 바라보며 나는 상상해 보았다. 처음 낯선 학교에 전근 와서 어리둥절해 하며 자리를 안내 받아 책상에 앉았을 때, 깨끗하게 닦여진 서랍과 그 속에 가지런히 놓인 사무용품을 바라보게 된다면 어떤 기분일까. 그것은 분명 작은 배려가 만들어낸 한없이 큰 감동은 아닐는지?

배려란 남을 염려하고 도우려는 진심 어린 마음씨다. 어차피 세상을 독불장군으로 살 수 없는 것이 우리들이다. 살면서 느닷없이 닥치는 어렵고 벅찬 상황들이 얼마나 우리를 힘들게 하며 그럴 때마다 진정이 담긴 주변의 도움이 또 얼마나 간절했는가를 생각한다면 남을 위한 배려의 마음을 접고 살아서는 정말 안 될 일이다. 어찌 보면 이 세상 모든 이들은 셀 수 없이 많은 타인의 보살핌과 노고에 의해 얼키설키 존재하며, 서로서로가 긴밀하고 촘촘한 도움의 끈으로 엮어져 살고 있는 것이다. 그럼에도 불구하고 서로 할퀴며 등을 지고 사는 요즘 세태는 우리의 마음을 한없이 무겁게 한다. 우리는 노상 세상에서 받는 도움이 큰지, 아니면 내가 세상에 주는 도움이 큰지를 생각하며 품 넓은 마음으로 남에게 베풀며 살아야 이 세상에 태어난 자신의 몫을 다하는 것은 아닐까.

알프스산을 등반하다 보면 드문드문 방갈로를 만나게 된다고 한다. 그 방갈로들은 등반 도중 등산객들이 쉬거나 숙박할 필요성이 있을 만한 장소에 누구나 자유롭게 이용할 수 있도록 지어 놓은 것이다. 하지만 언제 들러보아도 늘 청결하고 잘 정돈되어 있으며 심지어 벽난로 곁에는 항상 필요한 양만큼의 장작까지 비치되어 있다고 한다. 그것은 관리자가 있어서 청소하고 장작을 준비해놓는 것이 아니라 앞서 사용한 사람들이 뒷사람들을 위해 떠나기 전에 정리정돈을 말끔히 하고 창고에 있는 나무를 가져다 자기가 쓴 만큼의 장작을 난로 옆에 고스란히 보충해 놓고 가기 때문이라는 것이다. 그래서 등산으로 지쳤거나 좋지 않은 날씨 탓에 등산을 중단하고 갑자기 찾아들어도 당황하지 않고 편안하게 시설을 이용할 수 있다는 것이다. 이렇듯 남을 위한 진심 어린 배려야말로 어찌 생각하면 가장 자기 자신을 위하는 길임을 알아야 할 것이다.

　인생은 순하지도 않고 공평치도 않으며 그래서 살아내는 것이 그리 수월하지 않으나 이렇듯 남을 생각하는 따뜻한 사람들과 함께하므로 살아볼 만한 것이 아니겠는가. 어떻게 살 것인가에 따라 자기 인생의 향기와 빛깔 그리고 무게가 달라지는 것일 게다. 분명 남을 위한 진정한 배려는 자신을 낮추는 겸손에서 나온다. 그러나 그 겸손은 기실 자기를 낮추는 것이 아니라 오히려 자신을 올곧게 세우는 일이다. 왜냐하면 진정 당당한 자만이 겸손할 수 있고 남에 대한 너그러움을 가질 수 있기 때문이다. 그리고 그 너그러움이 우리가 사는 세상을 바른 쪽으로 이끄는 사그라지지 않는 힘이 되는 것은 아닐지.

한때 전 세계인들의 이목을 집중시켰던 이슈 중심의 잡지 ≪타임(Time)≫이 인간 중심의 잡지 ≪피플(People)≫에 간단히 추월당했던 사례를 생각해 보자. 사람의 따뜻한 마음은 때로 우리를 잡아 이끄는 이슈나 또는 무거운 사상적 담론보다 더 중요하고 큰 영향력을 우리에게 갖는 것은 아닐까. 역시 사람의 온기야말로 우리가 사는 세상을 밝히는 영원한 등불임에 틀림없는가 보다.

포근하고 정겨운 시간을 보내고 음식점을 나서자 날씨는 거짓말처럼 개어 있었다. 봉투를 옆에 끼고 아쉬운 듯 연신 따뜻한 손을 흔들며 떠나는 친구의 모습은 아름다웠다. 그의 결고운 마음씨야말로 끝없이 샘솟는 내 마음의 약수터다. 그 시리도록 청정한 약수 한 사발로 그동안 괜스레 뻗대며 살았던 내 삶의 갈증을 일순 녹여낼 수 있었다.

나는 그런 친구가 곁에 있어 정말 행복하다.

홍합미역국

통영統營의 쪽빛 바다는 눈부셨고, 사정없이 내리쬐이는 여름햇살은 등줄기를 훅훅 볶았다. 항구 전체를 다 뒤져 어렵사리 찾아 낸 꽃집에는 생화라곤 국화 두 다발이 전부였다. 그나마 감지덕지 얼른 값을 치르고 받아 든 꽃묶음에선 때 이른 국화 향이 진동했다.

대개의 항구가 그렇듯 호리병같이 잘록하게 들어와 둥글게 펼쳐진 통영항은 활기가 넘쳤다. 통통거리며 들고나는 고깃배의 엔진 소리와 "사이소! 사가이소!"를 외치는 어시장 아낙의 쉰 목소리엔 비릿한 갯내음이 물씬 풍겼고, 언덕을 향해 그물처럼 뒤엉킨 골목길마다 힘겹지만 끈덕진 바닷가 삶이 물감처럼 번져있었다.

제법 큰 어선 몇 척이 출항을 준비하는지 뭉게구름 사이로 흰 연기를 내뿜었다. 축축 처지는 무더위 속에서도 펄펄 살아 숨쉬는 항구를 뒤로한 채, 나는 소설가 박경리 선생의 묘소를 찾아 미륵도로 향했다.

내가 선생님을 처음 뵌 것은 1981년 늦봄이었다. ≪토지≫ 3부를 완성하고 강원도 원주로 자리를 옮긴 지 얼마 되지 않았을 무렵, 나는 단구동 댁으로 찾아간 적이 있었다.

대학 시절 수강했던 과목 중, 생존 작가 한 사람을 스스로 선택해 작품을 모두 읽고 작가론을 써 발표하는 강좌가 있었다. 발표가 끝나면 담당교수께선 작가를 직접 만날 수 있도록 주선해 주었는데, 만난 후 그 면담 후기까지 제출해야 성적을 받을 수 있었다. 그때 내가 선택한 작가가 박경리 선생이었다.

어린 시절부터 시작된 힘겨운 개인사 - 부모의 이혼, 6·25 동란 속 남편의 죽음, 어린 아들의 돌연사, 사위 김지하의 수감생활 그리고 유신시대의 핍박까지 주어진 시대 속에서 겪어야 했던 수많은 고통들을 단 한 번도 순순히 비켜가지 못하고 질풍 같던 한국 현대사의 한복판을 모질게 견디며 살았던 선생께선 덩그러니 빈집에 혼자 계셨다.

이미 예고된 방문이어선지 저녁때가 다 되어 도착한 나를 따뜻하게 맞아주셨다. 토지 4, 5부를 쓰기 위해 거의 외부와 단절하고 지내던 시절이었지만, 사람이 그리우셨던 젠지 조용조용 길게 이어지는 말씀은 마냥 정겨웠고 외갓집에나 온 듯 푸근함마저 느껴졌다.

"마른 홍합이 조금 남았을 텐데……. 소고기미역국은 서울 와서 처음 알았지. 내 고향 통영선 홍합을 넣고 미역국을 끓여요. 조갯살을 넣기도 하지만 국물 맛이 시원하고 갯내가 일품인 것은 홍합이 제격이지." 날이 저물자 하룻밤 묵어 갈 것을 권하며 식사를 준비하는 선생님의 눈빛엔 고향의 푸른 바다가 당장이라도 보이는 듯 그윽함이 가득했다.

"혹시 대한민국에서 잘사는 방법 알아요?" 손수 지은 밥과 국으로 저녁식사를 마칠 때쯤 선생님은 느닷없이 내게 물었고, 바로 이어 "나라에서 하지 말란 일만 골라서 엇나가면 잘살 수 있어요. 소를 기르라고 야단이 나면 돼지를 치고, 콩 심으라고 법석을 떨면 팥을 뿌리면 돼요! 다 지난 얘기지만 6·25사변 당시 한강다리만은 절대 끊지 않을 거라는 라디오방송이 나오고 있는데도 다리를 끊어버린 나라가 이 나란데 말해 뭐해요." 뜬금없는 물음과 전혀 예상치 못한 답을 입안엣소리로 중얼거리며 깜깜한 창밖을 내다보셨다.

감당하기 힘들 만큼 줄줄이 달려드는 아픔과 좌절을 ≪불신시대≫, ≪암흑시대≫ 그리고 ≪김약국의 딸들≫, ≪시장과 전장≫, ≪토지≫ 등에 등장하는 비극적 운명의 여인들로 풀어내며 견딘 작가로서 사회에 대해 이 정도 날선 말은 어쩌면 당연한 것인지도 몰랐다.

"내게 글쓰기는 어릴 적엔 외로움을 달래주던 친구였고, 노모와 어린 딸을 부양하며 살았던 시절엔 절실한 밥벌이였어요." 일 잘하는 사내를 만나 촌부로 살고 싶었던 소박한 꿈은 여지없이 무너지고 실상 몸서리쳐지는 불행의 늪에서 위험과 공포를 껴안고 살았다며 이젠 뇌리 저편에 꼬깃꼬깃 접혀져 기억조차 희미하다는 지난 일들을 자정이 넘도록 소상히 들려주었다.

그리고 삶보다 더 중요한 것은 있을 수 없다며, 겨울밤 호수에 나가 보면 매서운 날씨 탓에 호수 전체가 꽁꽁 얼어도 오리가 있는 곳은 얼지 않는데 그건 오리들이 끊임없이 날개를 퍼덕이기 때문이라고 했다. 밤을 꼬박 새워가며 고된 날갯짓을 멈추지 않는 오리들처럼 우리의 생존도 만만치 않은 거라면서 "그래선지 난 여태껏 '글쓴다'는 말을 한 번도 해본 적이 없어요. 언제나 '일한다'고 했지요." 가슴은 먹먹했지만 꽤나 진지한 시간이었다.

"문학공부 열심히 해봐요. 그럴 만한 가치는 분명 있어요." 다음 날 아침, 떠나는 내 등을 도닥이며 선생께선 거듭 간곡하게 일렀다.

어느 평론가의 극찬대로 "중화학공장 100개보다 더 한국인의 정신적 GNP를 높였다."는 ≪토지≫의 작가! 아울러 한국문학사에 커다란 발자취를 남긴 선생님과의 만남은 이렇듯 아주 사적이고 따뜻했기에 더욱더 소중히 기억하고 싶은 것은 아닐까. 물론 그 후, 작품으로밖엔 선생님을 다시 만나진 못했다. 하지만 문학에 대한 열정과 집념, 그리고 끝내 일궈낸 문학적

성과는 지금까지도 내게 감동 어린 울림으로 크게 남아있다.
 선생님의 묘소는 단출했다. 깔끔하게 지어진 기념관을 돌아 아기자기 꾸며진 꽃밭 길을 오르면 묘소가 나타났다. 생각보다 소박한 봉분. '박경리' 석 자만 새겨진 까만 묘비, 그리고 작은 상석이 전부인 묘소는 따가운 여름 햇살 속에 한껏 고즈넉했다.
 일부러 심은 것 같은 십여 그루의 감나무가 뺑 둘러 묘소를 지키고 있다. 나는 마련해온 국화꽃을 올리며 삶이 문학이 되고 문학이 삶이 되어 보냈던 선생의 일생과 거친 운명 속에서도 단단한 성취를 이룬 그 분의 삶을 되짚어보며 깊은 상념에 빠졌다. 그리고 한동안을 감나무 그늘에 앉아 땀을 식혔다.
 이때 문득 좋은 향기가 코를 스쳤다. 둘러보니 꽃길 가득 온통 치자나무였다. 철 지난 꽃 몇 송이가 가늘게 부는 바람에 흔들렸다. 달콤한 듯 싱그럽지만 맡고 있으면 알싸한 그리움이 콧마루를 거쳐 가슴에 고이는 치자꽃 향기를 맡으며 기억 속 선생님의 엄정한 모습과 따듯한 음성을 오랫동안 추억했다. 그리고 이젠 그토록 신산했던 삶의 무게를 내려놓고 부디 영면하시길 간절히 기원했다.
 멀리 산양읍 신전리 앞 남해바다가 햇살에 반짝였다. 불현 듯 선생님이 끓여주셨던 홍합미역국이 생각났다. 그리고 국 냄비를 뒤져 홍합 몇 개를 더 건져 내 국그릇에 얹어주시며 어서 많이 먹으라고 눈을 찡긋하시던 선생님의 모습이 내내 지워지지 않아 하늘의 뭉게구름을 한참이나 올려다보았다.

키 작은 해바라기

 벌써 30년 전. 그러니까 1976년 여름이다. 당시 대학생들 사이에는 소위 무전여행이라는 것이 유행했었다. 엄밀히 말해 완전히 무전은 아니지만 경비를 아끼기 위해 손수 밥을 지어먹고 텐트에서 자면서 고생을 자초하던 여행이었다.
 짧게는 며칠이지만 길게는 보름씩도 다녔는데 그해 7월, 나는 남도의 사찰 몇 군데를 돌아볼 요량으로 혼자 길을 나섰다. 그 여행의 일정 속에는 3년 전[1973년]에 준공되어 화제를 모으던 남해대교도 끼어 있었다.
 여행이 거의 끝나갈 무렵, 대교를 가기 위해 하동에 도착한 것은 오후 세 시가 넘어서였다. 다행히 버스는 바로 있었고 이차선 포장도로를 달려 얼마쯤이나 갔을까? 저 멀리 대교가 보이는 한 마을을 지나고 있을 때였다. 차창 너머로 시골학교

운동장이, 은빛 햇살 속에 비늘처럼 반짝이는 바다를 배경으로 동화 속 같은 세계를 연출하고 있었다. 순간 나는 차에서 내려 그림 속 같은 풍경을 바라보며 노을이 질 때까지 길턱에 앉아 있었다. 전체라야 불과 이십 호 남짓 되는 마을은 찻길보다 아래 있었다. 층층이 내려가며 집들이 벌려있고, 커다란 수협 공판장 밑으로 갯벌과 바다가 이어져 삼태기 안같이 깊고 아늑한 곳이었다.

내가 그 할머니를 만난 것은 바로 이곳에서였다. 해방이 되던 해. 열아홉 살로 이곳으로 시집을 왔다고 하니 그때 막 쉰 살이셨지만, 무엇보다도 쪽을 찐 머리 모양과 바닷가 거친 볕에 가무잡잡 그을은 얼굴이 도회지에서만 살았던 나의 눈에는 영락없는 할머니로 내비쳤다.

"혹시 민박할 수 있는 집이 있나요?" 거의 사람의 그림자를 찾아볼 수 없는 마을을 가로질러 공판장까지 내려온 나는 평상 위에 앉아 있던 사람들에게 공손히 물었다. 민박이라는 말조차 잘 쓰지 않던 시절인지라 제가끔 떠들며 그물작업을 하던 그들은 서로를 멀뚱히 바라볼 뿐 말이 없었다. "서울서 여행 온 학생인데 혹시 하룻밤 묵을 수 있는 집이 있나요?" 재차 묻자 그중 나이든 이가 학교 옆 파란 대문 집을 가리키며 거긴 아마 빈방이 있을 거라고 했다. 그 집은 마을 맨 위쪽에 있었다. 우물이 있는 마당은 싸리비로 깨끗이 쓸려 있고, 툇마루에 달린 두 개의 방은 열쇠로 잠긴 채 아무도 없었다. 바다를 향해 쌓은 얕은 담장엔 줄지어 심어놓은 해바라기가 간간이 부는 바람에 흔들리고 있었다. 집은 큰 편이었으나 현재는 앞채만 사용하고 있을 뿐, 뒤채는 사람의 흔적이 전혀 없었다. 뒤채의 크기로 보아 꽤 여러 식구들이 함께 살았음직했다.

이때였다. 광주리를 옆에 낀 작은 할머니가 거친 숨을 몰아쉬며 마당으로 들어섰다. "갯일하다 말 듣고 왔소만, 서울서 온 학생이라고? 방이야 있지만 쓸 만한지 모르겠네." 허리에 찼던 열쇠 꾸러미로 자물쇠를 따고 방을 보여주었다. 아무것도 없이 말끔히 치워진 방은 하얀 벽지가 깨끗했다.

"참말로 서울서 왔나? 이리 더운 날씨에 좋은 집 놔두고 이 먼데까지 뭐할라 왔을꼬." 이해할 수가 없다는 듯 혀를 차는 할머니에게 왜 이 큰 집에 혼자 사냐고 물으니 "많을 때는 열 식구도 살았지. 그러다 셋은 죽고 나머지는 떠나고 덜렁 나만 남게 된 거야." 부엌과 우물가를 연신 오가며 할머니는 혼잣말처럼 중얼거렸다.

얼마 후, 백열등을 켠 툇마루 위에 밥상을 사이에 두고 할머니와 마주앉았다. 소라를 넣고 끓인 된장찌개와 부추김치, 그리고 미역무침이 놓인 조촐한 밥상이었다. 찬은 없어도 배불리 먹으라는 말이 진정 살가웠다.

식사를 마치자, 나는 걸어서 대교에 다녀올 생각으로 채비를 차렸다. 왕복 한 시간은 족히 걸릴 거라며 어둔 길을 염려해 할머니는 랜턴을 쥐어주었다. 집에 돌아온 시간은 열 시쯤이었다. 툇마루에 바싹 꼬부리고 팔베개를 한 채, 누워 계시는 할머니의 모습은 똘똘 뭉쳐놓은 보따리모양 너무 작아 안쓰러웠다. 왜 안 주무셨냐는 말에 "사람이 나가 오지 않았는데 자긴?"하며 방으로 들어가선 문을 연 채 앉아, 땀을 닦는 나를 물끄러미 쳐다보았다. 그 방에는 텔레비전도 그렇지만 당시로는 드문 녹음기와 커다란 전축까지 집에 어울리지 않은 가전제품들로 가득했다. "시동생이 하나는 서울 있고, 둘은 부산 사는데, 나한테 얼마나 잘하는지 몰라! 나 심심하다고 자꾸 사다 보내잖아. 동네 사람들은 부러워들 한다만 다 소용없는 일이지." 하며, 이어 "달포 후면 징병 갈 놈, 혼인시킨 시애비도 호로새끼고, 알고도 시집보낸 친정애비도 호로새끼지" 내뱉듯 한 푸념엔 바늘 끝 같은 아픔이 배어 있었다. 할머니는 정말 맵고도 쓴 인생을 앙버티며 살아왔다. 할머니의 곡절은 길게 이어졌고 나는 이야기를 듣는 내내 코가 아렸다.

  1945년 정월, 경남 부곡釜谷에서 자란 할머니는 아버지의 뜻에 따라 여기로 시집을 왔다. 신랑은 스물한 살이었고, 시할머니와 시부모, 그리고 시동생과 시누가 각각 셋인 이 집에 맏며느리가 된 것이다. 하지만 남편과 살아 본 것은 정말 딱 40일. "남들은 애도 쉽게 잘 서든데, 나 같은 것이 무슨 복에……. 자식이라도 하나 있다면 지금 이리 섧겠나." 남편이 끌려가던 날은 그저 아뜩해 기억나는 것이 도무지 없다 했다. "나 같지 않아 키도 훤칠하고 인물도 좋았지." 스물한 살에 멈춘 남편의 기억은 차라리 고통이리라.

이렇듯 허망하게 가버린 남편은 해방이 되어도 오지 않았다. 곧이어 날아든 행불行不 통지서는 명치끝이 다 타버린 할머니를 보름 넘게 냉수만 마시게 했다. "밤낮 그걸 들고 얼마나 울었는지 몰라. 하긴 시간이 지나니 눈물도 마르더라고. 그 담부턴 끈 떨어진 갓처럼 여기도 도통 남의 집 같았지만 어찌 해볼 도리가 있어야지. 정말 소처럼 일만 하고 살았어." 눈물이 맺히는지 두 손으로 얼굴을 부비며 눈가를 훔쳤다. "참말 모진 게 목숨이라고 아들 따라 죽겠다던 시어머니도 눈가는 짓물러도 저린 마음은 엷어지는지 언제부턴가는 대문까지 걸어 잠그고 잠을 자는데 그게 그렇게 섭섭할 수가 없었지. 난 아직도 그 사람이 불쑥 들어설 것만 같아 빗장을 못 거는데……." 아슴아슴 가슴을 훑고 지나가는 슬픔에 나도 눈가가 붉어졌다.

"소원은 무슨 소원! 지금이라도 온다면야 좋겠지만 다 쓸데없는 소리지. 그저 어디에라도 살아 있어 장대 같은 아들 두엇 앞세우고 찾아오면 좋긴 하겠네. 물론 살던 여편네는 떼 팽개치고 와야제. 크크!" 소원이 뭐냐는 나의 말에 뜬금없이 웃으며 맥없이 대답했다.

그날 밤은 바람이 일었다. 누워도 쉬 잠이 오지 않았다. 긴 탄식과도 같은 바람소리에 자는 둥 마는 둥 아침이 되었다. 할머니는 버스 정류장까지 따라 나와 나를 배웅했다. "또 오면 좋겠지만 길이 원체 멀어서……. 몸 성히 잘 가!" 버스가 출발

하고도 한참 동안을 할머니는 그 자리에 서 계셨다. 언제 다시 만날 수 있을까 생각하며 점점 멀어지는 할머니를 향해 마냥 손을 흔들었다.

그리고 흘러간 세월! 간간이 그 일을 생각하며 시린 가슴을 추스른 적은 있었지만, 요즘처럼 유독 할머니의 외로운 모습이 자주 떠오르는 것은 무슨 까닭인지. 언제부터인가 그 기다림이 얼마나 큰 아픔인지를 아는 나이가 된 탓인가.

올[2007년]여름, 나는 뜻하지 않게 경남 통영에 볼일이 생겼다. 마침 시간의 여유가 있어 할머니를 한번 찾아가봐야겠다고 생각했다. 조금 늦은 감은 있으나 어림잡아 지금 여든이 조금 넘었을 테니 만나 볼 수도 있으리라 기대했다.

대교에 도착하니 주변은 몰라보게 변해 있었다. 그러나 대교까지 걸었던 기억을 더듬으며 큰 어려움 없이 그 집을 찾았다. 길 위에서 내려다보이는 집안의 모습은 기억 속 그대로였다. 하지만 대문은 자물쇠로 굳게 잠겨있었고 우물 옆으로 잡초가 무성한 것이 사람이 살지 않아 보였다. "아하! 그 할머니요. 돌아가신 지 오래됐어요. 환갑도 못 사셨는걸요. 일 년에 몇 번 대처 사는 시동생들이 다녀는 가지만 거의 빈집이에요. 헐고 다시 짓는다는데 형편이 안 되는지 아직 소식이 없네요." 고추를 널던 옆집 아낙은 덤덤하게 말했다. 나는 그만 다리에 힘이 쭉 빠졌다. 하얀 햇볕이 내리쬐이는 길 위에서 망연히 그 집을 바라볼 수밖에 없었다. 텅 빈 마당 한구석엔 키 작은 해바라기

하나가 낮은 돌담과 키재기를 하며 오도카니 서 있었다.

끝 간 곳을 모르는 칠흑 같은 기다림! 아마 그것이 뼛속 깊이 병이 되어 외롭게 가셨을 할머니를 생각하니 가슴이 너무 쓰렸다.

시간은 모든 것을 허물고 망가뜨린다. 그러나 그 누구도 세월을 폭력이라 생각하며 살지는 않는다. 그것은 지나온 삶을 다시 되돌릴 수는 없지만, 언제나 새롭게 다가올 미래를 꿈꾸며 살기 때문일 것이다. 하지만 그 숱한 시간을 할머니가 꿈꾸며 기대했던 미래는 과연 어떤 빛깔이었을까? "외로움은 무슨? 이제 혼자 사는 게 훨씬 더 편해. 이러다 아프지나 말고 가얄 텐데. 그게 젤 큰 걱정이지 뭐." 쓸쓸히 웃던 할머니의 얼굴이 빛바랜 흑백사진처럼 머릿속을 스쳐지나갔다.

프로이드는 "인간을 행복하게 만들 의도가 애당초 신의 계획에 포함되어 있지 않았다."고 냉소적으로 말 한 바가 있다. 설마 그럴 리가 있을까마는 덩그런 이 집 앞에서 나는 그 말이 어쩌면 옳은 것은 아닐까 생각했다. 우리 모두는 채워지지 않는 그리움과 애끓는 기다림을 스스로 견디며 살아야만 하는 외로운 존재들은 아닐까?

기다리던 사람이 불쑥 들어설 것만 같다던 대문은 굳게 잠겨있는데, 마당에 푸른 이끼가 잔뜩 낀 그 집은 할머니의 고단했던 삶을 고스란히 간직한 채 아직도 누구를 기다리는 듯 묵묵히 바다를 향해 낡아 가고 있었다.

시린 시대를 살다

 어젯밤부터 갑자기 추워졌다. 아침 기온이 영하 11도라니 말만 들어도 몸이 움츠러들었다. 점심때가 지나자 햇살이 퍼지면서 날씨가 좀 누그러진 듯싶어 나는 주섬주섬 배낭을 꾸렸다. 퇴직 후, 꾸준히 해오던 등산을 가기 위해서다. 주말마다 근교 산들은 도떼기시장이어서 느긋하게 다녀오려면 평일이 좋았다. 집을 나서니 바람이 생각보다 매서웠다.
 강남역에서 신분당선 지하철을 타면 청계산역까지는 세 정거장이다. 출발역이라 여유 있게 자리를 잡고 앉자, 삼십대 중반쯤 돼 보이는 남자가 엉거주춤 내 맞은편 의자에 앉는 거였다. 작달막한 체수에 통통한 젊은이였다. 두툼한 스웨터를 입긴 했어도 겉엔 가을잠바에 모자도 쓰지 않고 장갑도 없었다. 게다가 낡은 청바지에 흰 운동화는 오늘 같은 날씨엔 너무 추워 보였다. 거무데데한 얼굴, 순한 눈매. 하지만 온갖 시름이 다 담긴 어두운 표정은 어딘가 모르게 불안해 보였다. 두어 번 시선이 마주칠 때마다 그는 아래위로 눈길을 피했다.

평일 오후, 청계산역은 꽤나 한산했다. 배낭을 챙겨 내리려는데 그도 채비를 차렸다. 함께 내린 그와 나는 서너 걸음을 사이에 두고 등산로 입구까지 같이 걸었다. 설마 한겨울에 저런 차림으로 등산을 오진 않았을 텐데 싶어 흘낏 돌아봤는데 그가 느닷없이 "이곳엘 자주 오십니까?"라고 말을 걸어왔다. "예! 가끔 옵니다만 혹여 등산을 하러 오신 겁니까?"라고 묻자 그는 고개를 끄덕였다. 차림새가 걱정이 된 나는 오르기가 수월한 옥녀봉을 권했으나 그는 굳이 매봉을 고집했다.

우린 함께 등산을 시작했다. 하지만 그는 잘 걷질 못했다. 몇 분만 걸어도 숨을 헐떡이며 힘들어했다. 자주 쉴 수밖에 없었던 우린 이런저런 이야기를 나누게 되었다.

"고향이랄 것도, 부모랄 것도 없지요. 제가 일곱 살 때 첩의 자식이란 걸 알았어요. 취학을 해야 할 무렵 아버지를 따라 소위 큰집엘 갔지요. 날마다 매를 맞았어요. 거기 형들은 물론 그곳 어머니, 심지어 아버지한테도 숱하게 얻어맞으며 자랐지요. 고등학교에 들어가자 도저히 견딜 수가 없더라고요. 그래 집을 나와 물어물어 어머니를 찾아갔어요. 외가에 대한 기억이 조금 남아있었거든요. 노점을 하며 힘겹게 사는 어머니께 얹혀살면서 검정고시로 고교과정을 마치고 지방대학엘 들어

갔지요. 겨우 한 학기 다니다 그만뒀어요. 공부에 흥미도 없었거니와 더이상 어머니의 등골을 뺄 수도 없었으니까요. 그 후 제대를 하고 시작한 서울 생활이 그럭저럭 10년이 넘었네요." 고향이 어디냐고 묻는 내 말에 그는 소설을 쓰듯 장황하게 말을 이었다.

"그동안 고시원에 살면서 안 해 본 일이 없어요. 편의점 알바부터 시작해 여기저기 공사판도 따라다녔고 제약회사 외판원에다 택배 일까지, 제가 할 수 있는 일은 다 해본 것 같아요. 앞으로도 내 입 하나는 그냥저냥 해결할 수 있겠지만 문제는 아무 희망도 없이 하루하루를 무의미하게 살아야 한다는 거예요. 금수저, 은수저는커녕 아예 흙수저조차 없는 놈이니까요." 어떤 표정도 짓지 않은 채 입속에 든 쓴물을 뱉듯 그는 이야기를 쏟아냈다.

요즘 젊은 사람들을 가리켜 '삼포 세대'라고 한다. 아무리 노력을 해도 제대로 된 직장을 구하기가 하늘의 별 따기라, 연애와 결혼 그리고 출산을 포기했다고 붙여진 이름이다. 게다가 내 집 마련은 물론 취업마저 포기했다고 '오포 세대'라는 말이 생기더니 이젠 그것도 옛말이 되고 요즘엔 희망과 대인 관계까지 포기한 '칠포 세대'란 말이 서글프게 떠돈다. 희망과 대인 관계마저 저버리고 말다니 젊은이들의 분노 섞인 한탄과 자괴감이 도대체 어디까지 이어질지 답답하기 짝이 없다.

"요새 가장 부러운 사람들이 정년퇴직을 한 분들이에요. 얼마나 떳떳합니까? 물론 어려움도 많으셨겠지요? 그래도 사회에 기여하며 가족들 건사하고 나이 들어 연금이나 퇴직금으로 여생을 보낸다는 것이 얼마나 자랑스러운 일이겠습니까? 저 같은 사람은 정년퇴직은 고사하고 잠시라도 정규직으로 직장 한 번 다녀봤으면 소원이 없겠습니다. 정년보장이요? 그건 저와 상관없는 꿈속의 이야기지요." 지난해 퇴직을 하고 지금은 백수로 지낸다는 내 말에 그는 진짜 부러운 듯 목청을 높였다.

"지난가을에 어머니가 돌아가셨어요. 제겐 유일한 가족인데……. 돌아가시는 것도 보지 못했지요. 옆집 사람이 연락을 해서 가보니 이미 돌아가셨더라고요. 이젠 희망만 없는 게 아니라 가족도 없는 놈이에요. 생각할수록 막막한 현실에 화가 치밀어요. 하긴 나 같은 놈이 화를 내 본들 들어줄 사람도 없겠지만요." 나이 차이가 많아선지 절절한 제 사연을 편하고 솔직하게 털어놨다.

매봉 정상은 숨이 막힐 정도로 바람이 세찼다. 살을 에는 추위에 잠시 머무는 것도 힘들었다. 모자가 없는 그에게 나는 등산용 수건을 꺼내 머리를 감싸라고 시키며 '어서 내려가자.'고 재촉했다. 산밑에 가서 따뜻한 국밥이라도 한 그릇 먹여 보낼 참이었다. 근데 어이없는 일이 벌어졌다. "선생님! 먼저 내려가세요. 전 이수봉까지 갔다가 내려가겠습니다." 나는 기가 막혀 이런 날씨에 무슨 소릴 하는 거냐고 야단을 쳤지만 막무가내였다. 어깨를 바짝 웅크린 채 굳이 망경대 쪽을 향해

가는 그의 고집을 꺾을 수가 없었다. 난 망연히 그의 뒷모습을 바라보다 얼른 불러 세웠다. 그리곤 배낭 속에 있던 초콜릿 세 개와 귤 하나, 그리고 먹다 남은 물통을 건네주었다. 극구 마다하는 그의 손에 억지로 쥐어주며 "혹시나 해서 주는 걸세! 그리고 세상에 힘들지 않은 사람은 없다네. 누구나 다 견디면서 사는 거지."라고 힘주어 말했다. "걱정하지 마세요. 저 괜찮아요. 힘들지만 조금 더 걸어보고 싶어서 그래요. 춥긴 해도 속은 후련하네요. 안녕히 가세요!" 고개를 숙여 인사를 하고 돌아서는 그의 뒷모습이 못내 안타까웠다.

  혼자 내려오면서 나는 몇 번이고 뒤를 돌아보았다. 혹시 내가 잘못한 것은 아닐지? 무슨 수를 써서라도 그와 함께 내려왔어야 했던 것은 아니었는지? 불길한 생각이 머릿속을 떠나지 않아 발걸음이 무거웠다. 그러나 팍팍한 삶도 감당하기 어렵겠지만, 자신의 생을 벼랑 끝에서 밀어내는 일인들 쉬운 일이겠는가. 부디 내가 그의 마지막 동행자가 아니었길 바라며 스스로를 위로했다.

  인간이 세상에 태어나는 것은 그저 인내심 하나 배우러 오는 거라는데, 그 젊은이도 이 말뜻을 되새겨 제 길을 묵묵히 걸어가 주길 진심으로 기원해본다. 길은 늘 새로운 길과 이어져있고 또 전혀 다른 세계와 맞닿아있으니 말이다.

밥이 지팡막대라

"이때쯤 여기 오면 무조건 꼬막을 먹어줘야 하는 거야! 벌교 꼬막은 참꼬막이라 값은 좀 비싸도 그 맛이 기가 막히거든!"

새벽에 서울을 출발해 광주光州에 도착, 볼거리 많은 담양과 화순에서 한나절을 보내고 어둑해질 무렵 보성 차밭까지 훑었으니 보통 빡빡한 일정이 아니었다. 일행 중 한 사람이 너무 지친다며 오늘은 보성에서 쉬는 게 좋겠다고 했으나 손수 운전을 해가며 우릴 안내한 친구가 펄쩍 뛰었다. 여행에서 맛집 순례도 큰 재미인데 여기까지 와서 무슨 소리냐며 굳이 벌교까지 가야 한다고 우기며 한 말이다. 배릿하지만 졸깃한 그 맛을 이미 잘 알고 있던 난 입에 고이는 침을 삼키며 가는 쪽으로 은근히 힘을 보탰다.

겨울 벌교는 꼬막 천지였다. 아닌 게 아니라 역 앞 시장엔 가게마다 자루에 든 꼬막이 산더미같이 쌓여있고, 서너 집 건너 한 집이 꼬막 음식점으로 진풍경을 이루었다.

주문한 꼬막정식은 남도 밥상답게 반찬 가짓수로 우리를 압도했다. 그냥 삶아서 접시 가득 담겨 나온 꼬막을 시작으로 무침과 전煎 그리고 찌개 등 꼬막으로 만든 음식 예닐곱 가지와 젓갈을 비롯한 다양한 밑반찬이 한상 가득 차려졌다. 우린 그 푸짐함에 감탄하며 게걸스럽게 먹고 또 먹어댔다. 게다가 웃음과 버무려진 여행일정을 안주 삼아 느긋하게 소주잔까지 기울이니 음식이 주는 포만감과 술 몇 잔의 여유로 꼬막 철 벌교의 밤이 훈훈하게 깊어갔다.

"내일 아침은 '짱뚱어탕'이야! 벌교가 자랑하는 또 다른 별미거든. 아마 기대해도 좋을 거야." 간간하고 알큰한 꼬막 맛에 취해 즐거워하는 우릴 보며 그 친구는 내일 아침도 특별한 맛을 선보이겠다며 의기양양 우쭐댔다.

이튿날 아침. 낙안 읍성과 송광사를 들러 서울까지 가야 할 우리는 채비를 서둘렀다. 하지만 겨울철 새벽은 아직 한밤중이었다. 아침식사를 위해 역 앞까지 나왔으나 문을 연 식당이 한 군데도 없었다. 유명하다는 짱뚱어탕을 먹기 위해 두드린 음식점도 하나같이 잠겨 있었고 시장 사람들을 상대하는 해장국집마저도 이제야 막 장사 준비를 하는 거였다.

아쉽지만 '짱뚱어탕'은 다음 기회로 미루고, 가다가 아침을 해결하자고 의견을 모으고 있을 때였다. 역 앞 허름하고 작은 가게의 문이 열리며 왁자지껄 서너 사람이 나오는 거였다. 뿌옇게 김이 서려 안이 들여다보이지 않는 창문에는 '할매 밥집'이란 네 글자가 세로로 쓰여 있었다. 그 고장 사람들만이 알 수 있는 초라하기 그지없는 작은 밥집이었다.
"모 아니면 도일 수 있지만, 시장통에 저런 집이 의외로 맛집일 수 있어." 우린 나름 기대를 하면서 들어갔다. 두어 평 남짓한 가게에는 낡은 탁자 세 개가 고작이었다. 그리고 할매가 서있는 비좁은 부엌 한쪽 부뚜막에선 무럭무럭 김이 오르고 있었다.
자리에 앉자 탁자 위에는 이미 서너 가지 반찬이 차려져 있었고 곧바로 밥과 국을 사람 숫자만큼 가져다주었다. 특이했던 것은 이곳엔 자리의 구별이 없었다. 두 사람이 먹고 있는 탁자에 새로 한 사람이 들어오면 그 탁자에 끼어 앉아 반찬을 같이 먹고, 또 앞선 사람이 나가고 다른 사람이 들어오면 옆 빈자리에 다시 앉아 그 반찬을 그대로 먹는 거였다. 주인 할매는 그저 줄어든 반찬 그릇을 찾아 듬뿍듬뿍 채워주는 게 일이었다. 그러나 아무도 그것을 불평하는 사람은 없었다. 그냥 익숙하고 편하게 들어와 따뜻한 국에 밥 한 그릇을 말아 먹곤 나갔다. 지치고 고단한 그들의 모습을 딱한 듯 바라보며 찬그릇마다 꾹꾹 눌러 수북이 담아주는 할매의 손놀림만 부산했다.
"완전 도다 도! 아무리 그래도 그렇지, 사오천 원은 받을 텐데 생선토막은커녕 그 흔한 계란찜 하나 없이 완전 푸성귀 밭이네. 도무지 찍어먹어 볼 반찬이 있어야지." 옆에서 먹던 친구가 입속말로 볼멘소릴 해댔다. 하지만 난 반찬 하나하나마다 칼칼한 손맛이 담긴 듯해 입에 맞았고 비록 기름지거나 비린 것은 없지만 무엇보다도 할매의 푸근함이 입맛을 확 잡아당겼다.

"요즘 밥은 지대로 먹고 댕기는 거여! 왜 차림새가 이 모양이여!" 할매는 혼자 온 어떤 사내에게 밥 한 그릇을 더 퍼주며 끌탕을 했다. 누렇게 바랜 벽지와 닮은 할매의 모습은 따뜻한 질화로 그대로였다.

"모두 해 팔천 원이요." 얼마냐는 말에 할매가 한 대답이었다. "네 사람인데요?", "그러니까 팔천 원이지." 우리는 깜짝 놀랐다. 백반 일인분이 이천 원이라니, 라면 한 그릇도 삼천 원인데 너무 헐한 값이 아니냐는 말에 "첨엔 팔백 원 했지. 근디 한 번도 내가 올린 적은 읎당께. 어떤 장돌뱅이가 아따, 아짐! 천 원 받으씨요 잉." 해서 받게 됐고, 또 좀 지나자 "형수, 천오백 원은 해야 안 쓰것소?" 해서 또 그랬는디, 잔돈 거슬러 받기 귀찮고 뭐하다고 해서 이천 원까지 올랐당께. 이젠 그만 올려야 쓰것네. 이것도 힘들다는 사람들이 있어 맘이 짠하요. 아무리 힘들다 해도 밥은 묵고 댕겨야 하지 않것소." 마치 들큼한 생명의 온기가 느껴지는 말이었다.

우리 일행이 밥집을 나설 때 할매는 문밖까지 따라 나왔다. 힘들지 않느냐는 말에 "힘들긴 뭐가 힘들어. 난 이 일이 남들

노래하고 춤추며 노는 것과 똑같아! 없이 사는 사람은 밥이 지팡막대라. 기운이 없다가도 밥 한 사발 잘 먹으면 기운이 불쑥 나니께 밥이 지팡이보다 낫단 말이지. 내 기운 있는 날까정 찾아오는 사람 지팡막대 노릇 해야지. 그저 밥이 목숨인 게야." 우린 그만 숙연해질 수밖에 없었다.

  그리고 어제와 오늘 맛집 운운하며 철없이 다녔던 모습이 한없이 부끄러웠고 평소 여기저기 찾아다니며 흥청망청 먹어야 직성이 풀리던 내 귀에 밥 한 그릇이 타이르는 겸허한 소리가 조곤조곤 작게 들리는 듯했다.

수행의 문
깨달음 향기가 되다
눈만으로도 정이 든다
한 생각 돌이키면
구름 속에 머문 기억
세월은 힘이 세잖아
하늘로 부친 찬합
민들레는 피고 지고 또 피고
팥칼국수
나는 이렇게 들었다

수행의 문

300년 전쯤 일본의 백은선사白隱禪師가 주석했던 절 앞에는 신심이 돈독하여 스님을 정성스레 받들던 두부가게 주인이 있었다. 그에겐 시집 안 간 딸이 있는데 언제가부터 배가 불러오더니 그만 아이를 낳았다. 기가 막힌 부모가 노하여 애 아버지가 누구냐고 다그치자, 겁에 질린 딸은 평소 아버지가 존경하던 백은선사를 지목하면 행여 용서받지 않을까 싶어 엉겁결에 스님이라고 둘러댔다.

실망감에 노여움을 감출 수 없던 두부장수는 당장 쫓아 올라가 스님께 차마 욕은 못하고 "미거한 딸년을 돌봐주시어 혈육을 잉태케 하셨더군요." 하며 갓난애를 팽개치듯 떠맡기고 돌아왔다. 스님은 가타부타 아무 말도 하지 않았다. 그리곤 여기저기 찾아다니며 동냥젖으로 그 아이를 건사했다. 일이 이

지경에 되고 보니 신도들마저 스님을 손가락질하며 외면했고 절은 점차 황폐되었다.

1년이 지난 어느 날, 딸은 양심의 가책을 견디지 못해 애 아버지가 다른 사람이라는 사실을 털어났다. 딸의 이야기를 듣고 난 부모는 처음보다 더 놀라며 어쩔 줄 몰라 했다. "이거 큰일 났구나. 이런 죄업이 또 어디 있단 말인가!" 부부는 즉시 스님에게 달려가 지난날을 백배 사죄하며 아이를 돌려주십사 청했다. 스님은 잠자코 아기가 놀고 있는 곳을 손가락으로 가리키고는 묵묵히 밭으로 들어가 김을 맸다.

생각할수록 대단한 인욕행忍辱行이다. 원망이든 용서든 무슨 말인가는 해야 하지 않았을까? 하지만 어떤 감정의 흔적도 남기지 않고 그저 무심의 경지를 내보인 스님의 행동에 머리가 숙여질 뿐이다.

세상을 살다 보면 뜬금없이 벌어진 일로 황당할 때가 있다. 나와 무관할뿐더러 내 잘못이 아닌데도 불구하고 모든 책임을 뒤집어쓴 채 꼼짝없이 곤욕을 치러야 할 때가 있다.

중학교 3학년 때다. 학년말시험이 임박했던 영어시간이었다. 선생님께선 깐깐하고 엄한 분이었다. 한참 강의를 하고 계실 때, 사환使喚이 찾아와 무슨 말을 전하자 잠시 교무실에 다녀오마고 책을 그대로 놔둔 채 서둘러 나가셨다. 근데 선생님은 종이 칠 때까지 오지 않았고 쉬는 시간에 사환이 선생님의 책을 챙겨갔다. 나는 다음 수업준비를 하고 있었다. 그때 옆자리 친구인 P가 접힌 종이 한 장을 조심스레 건네주며 작은 소리로 말했다. "너만 알고 있어. 조금 전 호기심에 선생님 책을 펼쳐봤더니 책갈피에 이게 두 장 있는 거야. 이번 영어시험지야." 난 너무 놀라고 겁에 질려 "뭐라고! 도대체 너 무슨 짓을 한 거야. 들키면 어쩌려고, 난 싫어. 내가 이걸 왜 가져!" 펄쩍 뛰며 나는 그걸 그의 책상 속에 쑤셔 넣었다. "괜찮아! 아무도 본 사람 없다구! 아마 사환이 책을 가져오다 복도에 떨군 줄 아실 테지! 한 장씩 나눠갖자구!" 그는 시험지를 다시 내 가방 속에 욱여넣으며 한쪽 눈을 찡긋거렸다. 때마침 수업종이 울리고 선생님이 들어오셨다. 미처 돌려주지 못한 난 께름칙한 마음에 입안이 바짝 말랐고 가슴이 두근거려 터질 것만 같았다 선생님의 강의 소리는 귀에 들리지 않고 책가방과 P의 얼굴을 번갈아보며 안절부절못하고 있었다.

이때였다. '드르륵' 교실 문이 열리고 잔뜩 화가 난 영어선생님이 몽둥이를 손에 쥔 채 불쑥 들어섰다. 그러고는 수업하던 선생님께 양해를 구하더니 곧바로 "내게 잘못한 사람 있지? 앞으로 나와! 순순히 말할 때 어서 나와!" 선생님의 격앙된 목소리에 교실 안은 쥐죽은 듯 잠잠했다. 그 순간 나는 P가 어서 나가주길 바라며 초조히 기다렸다. 몸 전체가 부들부들 떨렸다. "안 나와? 그럼 좋다! 모두 머리에 손을 얹고 일어나 자기 책상 옆에 서!" 영문을 모르는 학생들이 웅성대며 의자에서 일어날 때, P는 재빨리 자기가 가지고 있던 시험지 한 장을 교실

바닥 마루 틈새로 감쪽같이 밀어 넣는 거였다. 난 그만 아연실색하고 말았다.

이젠 어쩔 도리가 없었다. 다시 교실 안이 조용해지자 나는 가방 속 시험지를 꺼내들고 앞으로 나갔다. "뭐야! 네 놈이야?" 선생님은 다짜고짜 따귀를 올려붙이더니 교무실로 끌고 갔다. 교실을 나가며 난 P를 쳐다보았다. 그는 시선을 피하며 고개를 떨궜다.

일은 쉽게 끝나지 않았다. 선생님께선 없어진 한 장의 행방을 끝까지 추궁했고, 나는 끝내 말하지 않았다. 왜 내가 꼭 그래야만 했는지 지금 생각해도 알 수가 없다. 다만 어린 마음에도 그의 행동은 충격적이었고 그 야비함이 이해되지 않았다. 아마 치사한 그와 공범이 되는 것조차 자존심이 상했는지도 모른다. 난 우연히 교실바닥에서 주웠을 뿐, 다른 시험지에 대해서는 모른다고 같은 말만 되풀이하며 무릎을 꿇은 채 용서를 빌었다.

그날 당한 수모와 고통은 이루 다 말할 수가 없다. 저녁 9시가 넘도록 텅 빈 교무실에서 고문에 가까운 매질과 폭언을 감수해야만 했다. "네 놈이 끝까지 이럴 줄 몰랐다. 내 실수도 있고 해서 용서하는 거니 깊이 반성하고 다시는 이런 일이 없도록 주의해!" 선생님도 지친 듯 잔뜩 쉰 목소리로 내뱉듯 타이르며 보내주셨다. 눈물이 핑 돌았지만 어금니를 꽉 깨물며 교무실을 나왔다.

깜깜한 교정, 비칠대며 걷는 내게 다가오는 사람이 있었다. P였다. "정말 미안해! 괜히 나 땜에……." 그는 울먹이며 말끝을 흐렸다. 치미는 분노와 원망이 오히려 내 입을 틀어막았다. 난 아무 말도 하지 않았다. 그만 가라고 손짓하며 묵묵히 돌아섰다.

48년! 참 많은 시간이 흘렀다. 중학교를 졸업한 후, P에 대한 소식은 단 한 번도 들은 적이 없다. 굳이 알고 싶지 않았다. 하지만 이젠 희미한 기억 속 그의 얼굴처럼 원망도 많이 녹아내렸다. 혹시 지금쯤 만나면 다 잊은 듯 그의 손을 잡아 줄 수 있을까? 아무리 생각해도 유현幽玄한 백은선사의 무심의 경지는 놀랍고 경이롭다.

중국 명나라 때 묘협 스님이 부처의 가르침을 알기 쉽게 정리한 ≪보왕삼매론寶王三昧論≫을 보면 "억울함을 당하는 것으로 수행의 문을 삼으라."고 한 구절이 있다. 또한 "억울함을 밝히려 하지 마라. 억울함을 밝히면 원망하는 마음을 돕게 된다."고도 했다. 고개가 끄덕여진다. 먹은 나이만큼이라도 너그럽고 현명해지고 싶다.

깨달음, 향기가 되다

발우공양은 절집의 전통 식사법이다. 사찰에선 먹는 것도 수행인지라 그 절차가 엄격하고 까다롭다. 묵언默言은 기본이고 반가부좌에 허리를 편 채, 복잡한 순서를 따르다보면 음식을 먹는 게 아니라 벌을 서는 듯 힘이 든다. 익숙해지면 모를까 처음에는 진땀이 솟고 오금이 절여 고행이나 진배없다.
   작년 여름. 인연 있는 절에서 한 달간 출가체험을 한 적이 있다. 엄한 규율로 소문이 난 그곳에선 하루 세끼 모두 발우공양을 해야 했다. 빡빡한 일정과 힘든 울력으로 끼니때마다 배가 고팠지만 정해진 과정을 꼬박꼬박 따라야 했으니 여간 버거운 노릇이 아니었다.
   그러나 허기를 채우는 단순한 행위 속에도 진솔한 가르침이 숨어있었다. 자신을 똑바로 살펴 탐욕에 꺼둘리지 않겠노라 수없이 다짐했건만 작은 욕심에도 쩔쩔매던 나에겐 따끔한 경책警策이요 커다란 죽비소리가 아닐 수 없었다. 아직도 가슴 뭉클한 감동이 기억 속에 선연히 남아있다.

지정된 자리에 앉아 발우를 펼치며 시작되는 공양은 물[천수]과 밥 그리고 국을 차례로 받게 된다. 이 세 가지는 배식의 소임을 맡은 사람이 정해져 있어 윗자리부터 차례대로 진지進旨하며 내려온다. 대중들은 앉은 자리에서 자기에게 필요한 양만큼을 그들에게 받으면 되는 것이다. 하지만 반찬상은 달랐다. 네 사람 당 하나씩 마련되는데, 첫 번째와 두 번째 사람 사이에 놓였다가 두 사람이 반찬을 덜게 되면 세 번째와 네 번째 사람 사이로 옮겨져 그들도 반찬을 가져가게 된다. 대개 찬상에는 여섯 종류의 음식이 올랐다. 무침과 부침, 그리고 튀김과 김치가 담기고 단무지와 과일이 나머지를 채웠다. 네 사람이 나누면 적당한 양의 음식이 늘 정갈하게 놓여있었다.

처음 발우공양을 할 때다. 나는 네 명 중 두 번째 자리였다. 국을 받으며 앞에 놓인 찬상을 훑어보았다. 근데 과일그릇에 담겨있는 네 쪽의 사과 중 하나가 유난히 작았다. 세 개는 4분의 1쪽이었는데 나머지 하나는 8분의 1쪽이었다. 난 두 번째 앉게 된 것을 다행이라 생각하며 첫 번째 사람이 그랬듯이 큰 사과를 집어 내 찬그릇에 옮겨 담았다. 당연히 작은 사과는 네 번째 사람의 몫이 되었다.

그런데 이상한 일이었다. 다음번 공양 때도 과일 중 하나가 눈에 띄게 작았고 그 다음번에도 마찬가지였다. 불현듯 고개를 들어 다른 찬상들을 살펴보았다. 거기에도 똑같은 상황이 벌어져 있었다. '아! 우연이 아니었구나.' 지금껏 공양간 사람의 실수였거니 생각했는데 틀린 생각이었다. 누군가가 의도적으로 작은 걸 하나씩 끼워 놓은 게 분명했다. 그때서야 세 번 다 개의치 않고, 욕심을 부렸던 나의 아둔함이 부끄러웠다. 아울러 번번이 작은 걸 먹어야 했던 네 번째 사람에겐 미안하기 짝이 없었다.

다음 공양을 할 때였다. 왜 미처 그걸 깨닫지 못했을까 후회하며 이번에는 내가 필히 작은 것을 집어야겠다고 맘을 먹었다. 역시 과일그릇 속에는 작은 것 하나가 끼어있었다. 국까지 받은 후, 첫 번째 사람을 쫓아 반찬을 담고 있는데, 아뿔싸! 그만 첫 번째 사람이 작은 사과를 찾더니 자기 그릇에 옮겨 담는 것이 아닌가. 그도 이제야 깨닫고 일부러 그걸 찾았던 것일 게다. 난 한 발 늦은 아쉬움에 그를 쳐다보았다. 눈이 마주친 그는 빙그레 웃으며 고개를 끄덕였다. 그리고 잠시 후 이번에야 비로소 큰 과일을 먹게 된 네 번째 사람의 목례를 받으며 그는 눈을 찡긋거렸다. 당연히 다음번에는 내가 작은 걸 먹었고 또 그 다음에는 세 번째 사람이 그걸 가져갔다. 다른 조 사람들도 우리 조와 마찬가지로 작은 과일을 공평하게 나눠 먹으며 서로를 흐뭇하게 바라보았다. 깨닫는 데는 이렇듯 시간이 걸리나 보다. 그 시간 이후 공양시간엔 은은한 향기가 방안을 가득 메웠다. 사람들 자리마다 송이송이 연꽃이 피어 올라 그랬던 것일까? 맑은 꽃향기가 사람들 몸에서 풍겨 나왔다.

발우공양은 대중이 함께하지만 실은 혼자 먹는 밥이다. 간소한 음식을 자신의 발우에 담아 묵언 속에 행하는 고요한 식사법, 오롯이 자신의 내면을 들여다보는 수행이었다. 공양물에 대한 감사와 함께 자신의 덕행을 반성하는 시간이었고, 천천히 씹고 삼키면서 현재의 자기를 알아차리기 위한 경건한 의식이었다. 하지만 그 속에는 주변에 대한 감사와 배려 그리고 평등심이 켜켜이 담겨 있었다.

작은 과일 한 쪽으로 남에 대한 배려를 일깨워준 발우공양. 하루 세 번 수행자 모두를 무한 행복으로 이끌었던 법열法悅의 자리였다. 깨달음은 경전의 위대한 구절이나 스님의 법문 속에만 있는 것이 아니었다.

눈만으로도 정이 든다

"지금 이 순간부터 수행이 끝나는 23일 동안, 여러분들은 절대 말을 해서는 안 됩니다. 조석예불과 사시불공巳時佛供 때 하는 염불 및 독경 외에 입을 열어서는 안 된다는 말입니다. 어떤 질문도 해서는 안 되고, 대답을 해야 할 때는 소리 없이 합장을 하면 됩니다. 심지어 하품이나 트림도 소리 나게 하면 '작성作聲참회' 108배를 해야 합니다. 모두 잘 알아들었지요?" 이제 막 입소 절차를 마치고 낯선 분위기에 어리둥절해하는 사람들 앞에서 찰중察衆스님은 엄한 목소리로 다짐을 받았다. 사람들은 입을 꼭 다문 채 방금 가르쳐 준 대로 합장을 하며 고개를 숙였다.

이곳에서 가장 강조하는 것은 '묵언默言'과 '하심下心'이다. 법당과 대방大房은 물론이거니와 지대방과 복도에도 대문짝만

하게 쓰여 있는 것이 오직 이 두 단어였다.

"말을 많이 하면 그 말 속에 갇히게 됩니다. 묵언수행은 세상과 간격을 갖는 겁니다. 번잡한 삶에 묻혀버린 자아를 찾는 길이며, 멋대로 뻗은 생각의 가지를 쳐주는 일입니다. 아울러 묵언은 대자연의 모든 걸 흡수하고, 부족한 스스로를 성찰하여 마음을 밝히는 일입니다. 때문에 참된 묵언이란 말뿐만이 아니라, 몸과 뜻까지도 침묵하는 겁니다. 입만 다물고 있다고 묵언이 되는 게 아니라, 끊임없이 올라오는 생각과 번뇌도 내려놓으라는 말입니다. 가능한 몸도 움직임을 줄여 허덕이지 말아야 진정한 묵언이라 할 것입니다." 미심쩍은 듯 다시 한 번 강조하는 학감學監스님의 말씀은 나직했지만 단호했다.

오대산 월정사 '단기출가학교'는 규율이 엄하기로 정평이 나 있다. 오죽하면 77명이 입교했다가 절반 가까운 사람들이 견디지 못해 41명만 졸업을 했을까? 하루하루가 자신과의 치열한 싸움이었다.

2016년 7월 1일부터 23일까지 나는 출가를 감행했었다. 짧은 기간이지만 삭발을 한 채 염의를 걸치고[落髮染衣] 진정한 출가를 체험하기 위해서였다. 퇴직을 하면 꼭 한 번 해보리라 생각했는데 시절인연이 무르익었던 것이다. 삶의 한 매듭을 짓고 숨을 돌리며 팍팍했던 인생을 돌아보는 일, 무엇을 얻기 위함이 아니라 내려놓기 위함이니 홀가분한 마음이었다. 지금까지 입고 있었던 아만我慢과 무지無知의 옷을 벗어놓고, 천천히 전나무 숲을 걸으면서 풀 향기를 맡고 바람소리를 들으며 진정 나와 만나고 싶었다. 그리고 묵언을 통해 너무 많은 말을 하고 살았던 지난날의 말빚을 갚고자 한 생각도 발심發心에 큰 몫을 했다. 또 108배와 3천배 그리고 적멸보궁까지의 삼보일배를 통해 하심을 몸으로 익혀 너그러운 마음으로 남은 생을 마무리하고 싶었다.

하지만 무엇보다도 힘들었던 것이 묵언수행이었다. 묵언이 익어갈수록 머릿속 생각은 잦아든다는데 어리석은 나에겐 맞는 말이 아니었다. 들불이 일 듯, 온갖 사념은 과거와 미래를 쉼 없이 넘나들고 이리저리 엉키며 요동쳤다.

입을 관觀하고 묵언을 지키면 마음에 고요가 찾아온다고 잘 알고 있었건만, 머리로 아는 일을 몸뚱이는 왜 이렇듯 따라주지 않는 건지 수행기간 내내 동동거렸다.

"말을 아끼는 사람은 밖으로 빼앗기는 기운을 돌려 내면을 맑힐 수 있습니다. 말이 밖으로 치닫는 연습이라면, 묵언은 안으로 가라앉히는 공부입니다. 묵언만으로도 내면을 관조하는 힘을 높일 수 있고 긍정적 몸 상태를 유지할 수 있습니다. 평소 말을 많이 하게 되면 혀의 색깔이 붉은 빛을 잃고 허옇게 되는데, 한 열흘쯤 묵언을 한 후에 혀의 색깔을 살펴보십시오. 혀 본래의 연한 붉은색으로 돌아와 있을 것입니다. 혀는 건강의 바로미터라고 합니다. 묵언이 몸에 얼마나 좋은지 확인할 수 있을 겁니다."라는 스님의 이야기는 채 열흘도 되지 않아 수행자 모두를 깜짝 놀라게 만들었다.

 온종일 고된 일과를 마친 수행자들은 남녀를 구분해 동서로 나뉜 대방에서 함께 자는데, 무슨 일이든 번호순대로 하다 보니 수행기간 내내 같은 사람 옆에서 자야 했다. 그러나 묵언 중이니 서로에 대해 알 수 있는 방법이 전혀 없다. 나이가 몇 살인지, 어디서 왔는지, 또 무슨 일을 하던 사람인지, 도무지 알 길이 없어 얼굴을 맞대고 있으면서도 맹숭맹숭 싱겁기가 짝이 없었다.

 그런데 참 희한한 일이다. 시간이 지날수록 조금씩 정이 드는 거였다. 말 한마디 못하고 그저 바라볼 뿐인데 눈이 마주칠 때마다 얼굴엔 차츰 미소가 번지며 소소한 정이 싹트는 것이었다. 그래선지 안 보이면 두리번거리게 되고, 있어야 할 곳에 자꾸 눈길이 가곤 했다. 어려운 일이 생기면 먼저 나서고, 힘들 때는 저마다 손을 내밀었다. 배려하는 착한 마음이 향기를 풍기며 피어올랐다. 숙세宿世의 인연이 당겨서일까? 아니면 아직도 끊어내지 못한 세속의 습習이 남아서 그런 것일까? 아무튼 서로를 따뜻하게 품으며 우린 힘든 수행 과정을 무사히 마칠 수 있었다.

 졸업식이 열린 대법륜전大法輪殿엔 숙연함이 감돌았다. 수행의 감회가 온몸으로 전해 왔다. 문득 "선방 수좌들은 공부에 방해가 된다고 눈마저 맞추지 않는다."는 말이 생각났다. 참 비정하리만큼 매몰찬 말이다. 하지만 눈만으로도 정이 든다는 것을 알기 때문에 생겨난 말이 아닐까? 정말 사람은 눈만 가지고도 정이 드는가 보다. 도반道伴들의 순한 눈매가 지금도 그립다.

한 생각 돌이키면

 말 한마디 못했다. 이유를 설명하면 이해할 테지만 묵언默言의 규칙을 지켜야 했다. 하나하나 빈틈없이 따지는 스님의 말씀에 합장을 한 후, 속절없이 물러났다. 생각할수록 답답하고 속이 상했다.
 "기상 시간이 새벽 3시 30분이란 걸 잘 알고 계시죠? 근데 지금 31분이에요. 어떻게 1분 안에 이불을 개키고 옷을 다 입고 나올 수 있는 거지요? 필시 미리 일어나 옷을 입고 이부자리를 정리한 게 분명할 테니 곤히 자는 다른 도반들께 얼마나 큰 피해를 주었겠습니까? 이따 취침시간 이후 법당에서 참회 108배를 하십시오. 제가 확인하겠습니다." 깡마른 목소리엔 냉기마저 훅 끼쳤다.
 지난해 7월, 나는 오대산 월정사 '단기출가학교'에서 한 달간 수행을 했다. 퇴직 후, 자신을 돌아보며 풀어진 마음을 추슬러 남은 인생을 좀 더 의미 있게 보내고자 계획한 일이었다. 하지만 녹록지 않았다. 빡빡한 일정은 끊임없이 강한 체력을 요구했고, 엄격한 규율은 참가자 모두를 옴짝달싹 못 하게 만들었다. 그중에서도 특히 힘들었던 것은 묵언이다. 입교하는 순간부터 졸업을 할 때까지 어떤 말도 해서는 안 되었다. 말뿐만이 아니다. 식사 중 그릇을 부딪쳐서도 안 되고 신발을 끌어서도 안 되며 심지어 트림이나 방귀마저도 소리가 나면 어김없이 그날 밤 작성作聲 참회 300배를 해야 했다.

지적한 스님의 말씀은 옳았다. 난 남들보다 15분 정도 미리 일어나 이불을 개키고 옷을 입었다. 깜깜한 어둠 속에서 더듬더듬 바지의 대님을 매고, 저고리 고름을 묶었다. 그리고 기상을 알리는 자명종이 울리자마자 재빨리 침구를 벽장에 넣고 부지런히 화장실로 달려갔다. 그날도 서둘러 방문을 나서는데 그만 스님과 딱 마주쳤고, 규칙을 어겼으니 참회하라는 지시를 받은 것이다.

하지만 내겐 고단해도 남들보다 일찍 일어나야 할 피치 못할 사정이 있었다. 이곳에 오기 두 달 전 치질수술을 받았는데, 의사는 두 달이면 완치되어 어떤 훈련도 감당할 수 있을 거라고 자신 있게 말했었다. 그러나 시작부터 강도 높은 일정 때문인지 아물었던 상처가 덧나며 말썽을 부리기 시작했고 급기야 화농이 되는지 진물까지 흘렀다. 난감한 일이었다. 강의를 듣거나 좌선을 할 때 혹시 진물이 방석에 배지 않을까 신경이 쓰여 집중을 할 수 없었고 간간이 뻗치는 통증으로 괴로움이 극심했다. 하지만 무엇보다도 곤혹스러운 것은 매일 아침 배변 후 뒤처리였다. 약간의 출혈까지 있었으니 짧은 시간이었지만 좌욕을 하고 간단히 응급처치까지 해야만 했다. 이러다 보니 내가 일찍 일어나야 했던 것은 바쁜 아침 시간에 남들에게 피해를 주지 않으려는 나름의 배려였던 것이다.

사정이 이럴진대 다짜고짜 나무라는 스님의 말씀이 얼마나 가혹하게 들렸겠는가. 불쑥 솟구치는 분심憤心에 모든 걸 포기할까도 생각했지만 원願을 세워 시작한 일을 중도에 그만두는 것도 쉬운 일은 아니었다. '묵언을 하고 있으니 남들이 내 사정을 어찌 알 수 있겠는가?' 스스로를 다독이며 앙버티려 이를 꽉 깨물었다.

취침시간이다. 대방大房에 불이 꺼지고 도반들은 다 잠자리에 들었다. 그날 지적받은 참회자 열댓 명이 법당에 모였다. 모두 억울한 듯 표정이 굳어있었다.

죽비소리에 맞춰 일제히 절을 시작했다. 엎드릴 때마다 뜨끔뜨끔 통증이 찔러댔다. 고통이 커질수록 점점 더 서운한 생각이 마음을 어지럽혔다. 어떻게 하든 닥친 상황을 요령껏 수습하여 수행을 마쳐보려 안간힘을 썼건만 이렇듯 벌까지 받게 되다니 속상한 마음에 얼굴이 벌겋게 달아올랐다.

이때였다. 불현듯 한 생각이 머릿속을 스쳤다. '남들이 내

속을 몰라주듯 나도 남을 이해 못하고 까탈을 부린 적은 없었는지? 그리고 남의 사정은 아랑곳하지 않고 무심코 뱉은 말 한마디가 그들에게 상처를 낸 일은 없었는지?' 되짚어 생각해 보니 고개가 숙여지고 얼굴이 화끈거렸다. 세상에 가벼운 말은 없다. 오죽하면 혀 밑에 도끼가 있다고 하지 않던가.

　죽비소리는 어김없이 딱딱 울렸다. 온몸이 땀으로 범벅이 된 채 기계처럼 절을 하고 있을 때, 나의 생각은 한 걸음 더 앞을 향해 나갔다. '그래! 나는 지금 벌을 받고 있는 게 아니라 여태껏 살아오면서 나도 모르게 지은 죄로 힘들었을 사람들에게 참회를 하는 것이다. 기억도 다 못할 숱한 사람들에게 깊이 머리 숙여 사과하는 것이다.' 생각이 여기에 미치자 들끓던 마음은 슬그머니 가라앉고 뻐근했던 다리에도 힘이 생겼다. 심지어 쿡쿡 쑤시던 통증마저도 잦아드는지 한결 편안해졌다.

　맞다! 생각 한 번 돌이키니 확 다른 세계가 펼쳐졌다. '마음만 잘 쓰면 모든 것이 네 편인 게야.' 언젠가 읽었던 글귀 하나가 떠올랐다. 늘 바꾸어야 할 것은 외부의 '경계'가 아니라 바로 '내 마음'인 것이다. 마음 씀에 따라 극락과 지옥이 갈리고, 행복과 불행이 나뉜다. 마음은 연습하기 달려있다. 화를 낼지 안 낼지 결정하는 것도 결국 나 자신이다. "내가 상처받지 않기로 마음먹었다면 누구도 나에게 상처를 입힐 수 없습니다." 인도의 성자 마하트마 간디의 외침이 준엄한 경책警策이 되어 어리석은 나를 따끔하게 내리쳤다.

구름 속에 머문 기억

"공空에 대해 많이 알아서 법명法名이 지공知空이냐."는 나의 물음에 미소 띤 얼굴을 붉히며 "아는 바가 너무 없어 지공이에요." 샘가에 앉아 저녁 설거지를 하던 스무 살 남짓 비구니 스님은 들릴 듯 말 듯 작게 말했다.

반듯한 이마에 그린 듯 고운 눈썹은 정갈했고 파랗게 깎은 머리와 맑은 눈, 그리고 단정한 입 매무새는 수행자의 모습이 역력했지만 발그레한 두 뺨은 아직도 앳된 소녀의 모습 그대로였다.

대학 2학년 여름방학, 학교도서관에서 여행 계획을 세우던 나는 무심코 집어든 낡은 잡지 속에서 진귀한 사찰 하나를 찾아냈다.

〈천불천탑千佛千塔의 가람 - 화순 운주사!〉란 제목의 특집기

사엔 사진도 여러 장 실렸었는데, 여기저기 늘어선 석불과 석탑의 모습은 놀라웠고 특히 산중턱에 자리 잡고 누운 한 쌍의 거대한 와불臥佛에선 도저히 눈을 뗄 수가 없었다.

이렇게 맺은 이 절과의 인연은 바로 그날로 배낭을 꾸리게 했고 다음날 아침 첫 기차를 타도록 내 등을 떠다밀었다.

현재는 세간에 널리 알려지고 유명관광지가 되어 있어 찾는 이의 발길이 끊이지 않지만 삼십여 년 전 내가 처음 찾아갔을 때만 해도 한낱 지방 오지의 보잘것없는 작은 사찰에 불과했다.

운주사雲住寺 - 구름 속에 머문 절은 과연 멀었다. 전라도 광주에 도착해서도 다시 서너 시간을 기다린 끝에 하루에 겨우 두 번 있는 운주사행 버스를 탈 수 있었다. 너덧 명 승객을 실고 완행버스는 뽀얀 먼지를 일으키며 흙길을 달렸다.

"여기가 '중장터.'요, 예서 한 오 리는 족히 걸어야 할 텐데. 아무튼 잘 가요." 덩치가 남산만 한 운전기사는 싱긋 웃으며 손을 흔들었다.

한때 중의 장이 섰을 정도로 번다했을 이곳은 지명과는 달리 집 몇 채의 작은 시골 동네였다. 저녁 해를 등에 지고 절을 향해 가는 내 발걸음은 갈수록 점점 더 무거웠다.

길가에 서있는 대부분의 석불은 훼손이 너무 심해 머리가 없는 것이 태반이고 여기저기 흩어진 석탑의 부재部材들은 논둑과 담장에 쓰였거나 그저 무너진 채 사방을 굴러다녔다. 더

더욱 당혹스러웠던 것은 부처님의 깨진 어깨나 잘린 무릎이 뒷간의 섬돌로 쓰이는 거였다. 나는 더 이상 할 말을 잃었다.
 이런 안타까움은 절에 도착해서도 나아지지 않았다. 낡긴 했어도 법당은 그런대로 괜찮은 편, 요사채로 사용하고 있는 일자一字 건물은 10도 이상 기울어져 위험한 상태였다.
 추레하기 짝이 없는 이 절집엔 아흔이 넘은 노스님과 주지인 법진法眞스님, 그리고 어린 지공 등 비구니 세 분만 살고 있었다. 저녁상을 물리고 퇴락한 절 형편을 걱정하는 나에게 주지스님은 말했다.
 "남 탓할 것 있나요? 모두 우리네 잘못이지. 천하에 무작스런 것들이 절 땅을 다 팔아먹었으니 부처님이 쓰러지고 탑이 무너진들 손써볼 방도가 있어야지요. 이곳도 요샌 평당 오천 원이나 해요. 젤 급한 것이 땅을 되사는 일인데 그게 만만치 않네요." 법진스님은 오십 초반의 여장부였다. 오랜 수행 탓인지 감정표현에도 여법如法한 절도가 있고 목소리도 우렁우렁 씩씩했다. 어떻게든 절을 복원해보고자 서울과 광주를 수없이 오가며 구걸하다시피 애는 쓰지만 그게 어디 쉬운 일이겠는가. 참으로 답답한 일이었다.
 "스님! 여행 중이라 여윳돈이 많지 않네요. 겨우 땅 세 평 값이에요. 하지만 개울이 모여 큰 강이 된다잖아요. 부디 스님께서 맘먹은 일 꼭 이루시길 바랄게요." 나는 서울 갈 여비만을 남기고 가진 돈 전부를 시주했다. 도착해서부터 줄곧 나를 짓누르던 참담한 마음이 주저 없이 내린 결정이었다.

산속인데도 여름밤은 무더웠다. 난 꽤 늦도록 마당에 놓인 평상에서 더위를 식혔다. "달빛이 대낮 같네요. 주지스님께서 많이 고마워하세요." 과일쟁반을 들고 나온 지공스님은 푸른 달빛에 젖어 흰 옷을 입은 듯 눈부셨고 은은한 솔잎 향이 풍겼다. 깊은 산 풀숲에 핀 초롱꽃이 저리 아름다울까? 평상 끝에 앉아 다소곳이 과일을 깎는 스님의 모습은 잘 빚은 조각 같았다. 대체 어떤 연유로 저 고운 모습에 잿빛 옷을 입었으며 또 무슨 사연이 있어 저 나이에 이곳에서 사는 걸까? 쓸데없고 속된 내 궁금증은 뇌리 끝에 매달려 끊임없이 꼬리를 무는데 산사의 밤은 마냥 깊어 가고 별들은 쏟아져 내릴 듯 무수히 반짝였다.

이튿날은 아침부터 푹푹 쪘다. 식사를 마치고 떠날 채비를 하는데 큰절[송광사]에서 사람이 왔다. "구산九山스님 법어집 스물세 권이에요. 맞나 확인해 봐요." 주지스님은 일일이 세어 보고 책을 받았다. 나는 구산스님을 평소 잘 알고 있던 터라 반가운 마음에 한 권 얻어갈 요량으로 조심스레 뜻을 비치자, 여유분이 없어 줄 수가 없으니 어쩌면 좋으냐고 스님은 잘라 말했다. 책 한 권 정도는 얻어갈 수 있으리라 생각했던 내가 오히려 더 무안했으나 도리 없는 일이었다.

나는 차 시간에 맞춰 절을 나섰다. 땡볕에 오릿길은 팍팍했다. 한참을 걸어 거의 다 왔을 무렵, 부르는 소리에 나는 걸음을 멈췄다. 뜻밖에 지공스님이 숨을 헐떡이며 쫓아오고 있는 것이 아닌가.

"이 책 드리고 싶어서요. 제 몫이에요. 우리 스님 그리 야박한 분은 아닌데 워낙 정확하셔서 그래요. 죄송해요." 아직도 숨을 채 고르지 못한 스님의 얼굴은 진홍빛이었다. 책을 건넨 스님은 작은 손을 모아 합장을 하곤 말없이 돌아서 절을 향해 걸었다. 무슨 일인지 한 번도 돌아보지 않는 스님의 모습이 길 끝 너머로 사라질 때까지 나는 내내 그 자리에 서있었다. 텅 빈 길 위로 하얀 햇살이 빗살처럼 쏟아져 내렸다. 불현듯 눈물이 핑 돌았다.

《석사자石獅子》 - 운주사 비구니 지공스님이 내게 준 법어집 제목이다. 난 30년도 넘은 이 책을 지금도 소중히 간직하며 종종 꺼내본다. 읽어도 또 읽어도 꿈쩍 않는 돌사자는 아무 말이 없는데 언제나 그 책에선 결 고운 지공의 애틋한 마음씨와 내 무망無望한 그리움이 너울처럼 밀려 나온다.

'그리움은 인간이 가진 숙명 중 가장 아름다운 것'이라는데 다행스럽게도 나는 구름 속에 머문 기억 하나를 아직도 이렇듯 그리워한다. 그리고 가끔은 형편없이 낡은 운주사를 배경으로 지공을 만나기도 한다. 다시는 돌아올 수 없는 내 젊은 시절처럼 아스라이 멀어진 추억의 저편에서 말이다.

세월은 힘이 세잖아

평소와는 달리 출근 전에 영어 학원을 다닌다며 수선을 피우고, 퇴근해선 헬스클럽을 간다고 부지런을 떠는 사람, 어쩌면 그는 한 삼 년쯤 사귀어오던 애인으로부터 이별을 통보받고 실연에 가슴 태우는 사람인지도 모른다.

모임이란 모임엔 한 번도 빠지지 않고 워낙 너울가지가 좋아 잘 어울리며, 노래방이라도 갈라치면 맛깔난 솜씨로 주변을 압도하는 사람, 어쩌면 그는 아무도 기다리지 않는 깜깜한 빈 집에 혼자 열쇠를 따고 들어가 외롭게 밤을 지내는 사람인지도 모른다.

딸이 사준 옷이라고 자랑을 입에 달고 다니며, 효자 아들 덕에 호강을 도둑개 매 맞듯 한다고 으스대는 사람, 어쩌면 그는 망나니 아들과 시집가 어렵게 사는 딸 때문에 가슴이 까

많게 타버린 사람인지도 모른다.

몇 해 만에 참석한 동창회에서 경기는 어려워도 자기는 그럭저럭 쏠쏠하다며 애써 부산을 떨던 사람, 어쩌면 그는 하던 사업을 접고 쓸쓸히 공원이나 배회하며 하루를 힘겹게 보내는 사람인지도 모른다.

우린 모두 새색시 속살 감추듯 남에게 숨기고 싶은 사연 하나쯤을 가슴에 품고 사는 것은 아닌지. 그리고 행여 그 숨긴 보따리가 남의 눈에 띌까봐 전전긍긍하는 것은 아닌지.

내게는 30년 넘게 한 직장에서 가깝게 지내는 친구가 있다. 두 사람 모두 말수가 적어 살갑게 굴진 않아도 오랜 시간을 같이 있다 보니 표정만 봐도 서로의 속뜻을 알 수 있는 둘도 없는 친구다. 유달리 가정적인 그는 슬하에 남매를 두었는데 특히 아들은 그의 자랑이자 자부심이었다. 서울의 유수한 의과대학 졸업반으로 착실한 성품에다 인물마저 출중해 남들의 부러움을 사곤 했다.

하지만 하늘도 시기를 한다고 했던가. 지난해 2월, 친구들과 설악산을 다녀오던 그 아들의 차가 그만 대형트럭과 충돌하는 바람에 타고 있던 사람이 모두 사망한 어처구니없는 사건이 벌어졌다. 정말 안타깝고 허망한 참극이었다.

소식을 전해들은 난 순간 머릿속이 하얘지며 그 자리에 털썩 주저앉고 말았다. 그리고 한참이 지나고 나서야 친구를 걱정하며 병원으로 달려갔다.

그 부부의 정황은 어떤 말로도 표현할 수 없었다. 혼절과 오열을 반복하던 그의 아내는 결국 병실로 떠메어 올라갔고, 핏기 잃은 얼굴로 미동도 하지 않은 채 영안실 밖 의자에 앉아 있던 친구는 이미 제정신이 아니었다. 그는 대부분의 시간을 넋이 나간 듯 멍하니 그 의자를 지키고 있었다.

나는 장례식이 치러지는 삼 일 내내 그곳에 있었지만, 내가 할 수 있는 일이라곤 그의 곁에 있어주는 것이 고작이었다. 솔직히 말하면 당한 슬픔을 속으로 삭이며 앙버티는 그에게 위로해 줄 어떤 말도 머릿속에 떠오르지 않았다. 그저 장례절차에 따라 그가 해야 할 일을 대신하며 묵묵히 지켜볼 뿐이었다. 그러면서도 도무지 이해할 수 없었던 것은 끝내 눈물 한 방울 보이지 않은 채 석상石像처럼 앉아 있던 그의 모습이었다.

아들을 잃은 충격에 그가 보인 반응은 남달랐다. 이레 만에 출근한 그는 주변사람들이 보내는 애달픈 진심에도 결코 눈물을 보이거나 슬픈 표정을 짓지 않았고, 흔히 가질 법한 원망이나 분노의 감정도 전혀 없어 보였다. 그저 자신을 어디에다 냅다 집어던져버린 듯 오히려 덤덤했다. 다만 전에 없이 혼자 있으려 애를 쓰고 어금니를 꽉 깨문 굳은 얼굴로 평소보다 훨씬 더 업무에 매달렸다. 나를 비롯한 누구와의 술자리도 수락하지 않았고 어떤 동행 요청도 한마디로 거절했다. 마치 충분하다고 느낄 때까지 스스로에게 내린 형벌을 가혹하고도 철저히 자신에게 가하는 듯 느껴졌다.

활활 타오르는 화염 속에서도 시간은 가는가 보다. 그가 아들을 앞세운 지 수개월이 지난 어느 날, 내게 전화를 걸어왔다. "당신 집 앞이야! 얼굴 좀 볼까 싶어 왔는데." 나는 화급히 집을 나섰고 얼마 후 조용한 술집에 마주 앉았다. 많이 수척해진 그의 얼굴을 모처럼 똑바로 쳐다보자, 그는 슬그머니 내 눈을 피하며 고개를 떨궜다. 그리곤 느닷없이 주르륵 눈물을 흘렸다. "우는데 이렇게 많은 시간이 걸리는 줄 몰랐어. 그동안은 울 수조차 없을 만큼 뼈가 녹듯 아팠어! 목을 놓아 울고 싶어도 기가 넘으니 울어지질 않더군." 그는 점점 더 고개를 숙이며 온몸으로 오열했다. 나는 그대로 두었다. 실컷 울어볼 수 있도록 그의 옆에서 한참을 그냥 앉아있었다.

"죽을 만큼 슬픈 사람에게 주변의 과장된 공감이 얼마나 큰 고통인지 절감했어. 살기 위해 죽을힘을 다해서 잊고 있는데 뜬금없이 던지는 위로의 말이 얼마나 예리한 비수가 되어 가슴에 박히던지." 벌겋게 충혈된 그의 눈에선 쉼 없이 눈물이 쏟아졌다. "그동안 정말 고마웠어. 어떤 말도 하지 않은 채 멀찍이 서서 '네가 거기 있음을 알고 있어. 그리고 너를 항상 지켜보고 있을게.'라고 말하는 당신의 눈빛이 내게 얼마나 큰 힘이 되었는지 아무도 모를 걸세." 코끝이 싸해진 나도 그만 눈물이 번져 흘렀다. 자신의 속내를 드러내지 않은 채 그 긴 절망의 터널을 빠져나오기 위해 버둥거렸을 친구의 모습이 한없이 가여워보였다.

인간은 누구나 저만이 감당해야 할 삶의 무게가 있다. 아무리 남에게 하소연을 해본들 절대로 나눠질 수 없는 각자의 짐들을 등에 메고 버겁게 걷는 게 인생이 아닐까.

'아프다'와 '아플 거야'는 다르고, '배고프다'와 '배고플 거야'도 같지 않다. 하지만 사람은 누구나 다른 사람들을 어느 정도 이해하며 산다고 생각한다. 그러나 과연 우리는 남을 얼마나 이해하며 사는 것일까? 아프고 배고픈 사람 곁에 있다고 그 아픔이나 배고픔을 느낄 수 있는 것은 아니다. 그래서 삶은 오롯이 자신만이 견디며 가야할 외로운 길이 아닐지.

우리가 헤어질 무렵엔 날이 많이 어두웠다. 악수를 하고 돌아서는 그의 뒷모습을 바라보며 나는 '세월은 힘이 세잖아! 아마 너의 아픔도 기억 속에서 꼭 몰아내 줄 거야!'라고 그를 위해 마음속으로 기원했다. 문득 올려다본 하늘엔 아무도 봐주는 사람이 없어도 별 몇 개가 스스로 빛을 내며 반짝이고 있었다.

하늘로 부친 찬합

"시집올 때 친정엄마가 주시면서 귀한 거니 잘 쓰라고 한 찬합이에요. 잊지 말고 꼭 챙겨 와야 해요." 아내는 뚜껑에서부터 몸채로 이어진 큼지막한 공작새가 자개로 새겨진 3단 찬합을 보자기로 단단히 싸주면서 몇 번이나 당부했다. 음식을 다 마련하고도 담아 보낼 용기를 찾지 못해 여기저길 뒤지며 애를 쓰던 아내는 끝내 적당한 것을 찾을 수가 없었던지 이 찬합을 꺼내주며, 내가 영 못 미더운 듯 마뜩잖은 표정으로 거듭 일렀다.

1999년 12월. 새로운 세기가 열린다는 설렘과 기대 속에 부산하게 연말치레를 하던 나는 뜻밖의 전화를 받았다. 서로 바쁘다는 핑계로 한 반년 넘게 만나지 못한 고등학교 동창이었다. 졸업 후에도 자주 만나며 가깝게 지내던 친구였는데, 그가 직장을 그만두고 사업을 시작하면서부턴 좀처럼 만나지지 않더니 최근엔 전화마저 뜸해질 때쯤이었다.
 "여기 안암동 고려대 병원이야. 폐암수술을 받고 입원해 있어. 연말이라 많이 바쁘지? 갑자기 네 목소리가 듣고 싶어서……." 뜬금없는 친구의 말에 놀랍고 한편 기가 막혀 머리가 띵했다.
 다음 날 오후, 서둘러 퇴근한 나는 부지런히 병원으로 향했다. 그가 일러준 대로 신설동로터리에서 병원행 마을버스를 기다리는데, 한없이 가여운 생각과 함께 그에 대한 몇몇 기억들이 낡은 영화 필름처럼 머릿속을 훑고 지나갔다.
 누구에게든 밝고 친절하게 대하고, 좋든 궂든 일만 생기면 쫓아다니며 붙임성 있게 구는 성격이라 동창들 사이에서 '사람 좋은 마당발' 소리를 듣지만, 그의 삶은 그다지 순조롭거나 편안치 못했다. 처녀의 몸으로 이 친구를 낳았다는 어머니와 오직 둘이서만 외롭게 생활해오던 그에게 운명은 끝내 호의적이질 않아 그악하게만 굴어댔다. 영등포 한 외진 동네에서 이발소를 운영하며 근근이 생활하던 어머니가 페인트칠을 하다가 엉킨 전선에서 튄 불똥이 페인트에 옮겨 붙어 불이 나자 피하지 못한 채 그만 돌아가시고 말았다. 그 친구가 어렵사리 대학을 졸업하고 직장생활을 막 시작했을 무렵에 당한 어처구니없는 사고였다.
 그러고도 힘든 그의 삶은 마무리되지 않고, 직장생활을 그만두고 손을 댄 몇 번의 사업이 번번이 실패하자 더욱더 어렵게 되었다. 아마 내가 그 친구 개업선물이랍시고 사간 화분이 너덧 개는 족히 넘을 것으로 보아, 하던 일을 접을 때마다 당사자가 느꼈을 마음고생은 불을 본 듯 훤했다. 더욱이 별나게 작은 키 탓도 있었겠지만, 서두는 사람이 없던 까닭에 결혼마저 늦어져 사십을 훌쩍 넘긴 나이에 겨우 두어 살 된 딸아이가 하나 있으니 정말 딱한 일이 아닐 수 없다.

병실 안쪽 침대에 누워있던 그가 나를 먼저 알아보고는 피식 웃으며 야윈 손을 흔들었다. 바짝 마른 그의 얼굴은 눈만 퀭하니 남아있었다.

호흡조차 힘든지 말을 할 때마다 숨은 계속 거칠었고, 명치 끝에 매달린 통증이 수시로 옥죄는지 자주 가슴을 쓸어내렸다. 애써 태연한척 미소를 지었지만 그의 눈은 잔뜩 겁에 질린 듯 불안해보였다.

이때 마침 옆 환자의 보호자가 내게 음료수를 권하자, "이 병실 보호자는 모두 다 내 보호자야! 애가 어려 집사람이 자주 못 오니까 딱해서 그런지 많이들 도와주거든. 나는 어딜 가든 인복은 있는 놈이잖아!" 그 와중에도 너스레를 떨며 "너도 알지! 우리 집사람이 다른 건 몰라도 잡채는 아주 맛있게 만들잖아. 언제 한번 넉넉히 해다가 이분들께 신세나 갚았으면 좋으련만……." 말끝은 흐렸지만 반드시 그렇게 해보고 싶은 마음이 역력해 보였다.

병원을 다녀온 후, 아린 마음은 좀처럼 가라앉지 않았다. 틈이 날 때마다 떠오르는 깡마른 그의 모습이 어찌 그리도 가슴을 저미는지 추스르기가 무척 힘들었다.

그러다 맞이한 성탄절! 세상은 온통 은혜와 감사 그리고 축복으로 넘치고 들떠 있을 때, 나는 문득 외롭게 병실에 누워 있을 친구 생각을 하며 서둘러 아내에게 몇 가지 음식을 부탁했다. 당연히 넉넉한 분량의 잡채는 물론이고 평소 그 친구가 좋아하던 닭찜과 과일 몇 가지를 주문했던 것이다.

찬합보따리를 들고 집을 나설 땐 잔뜩 흐린 날씨에 진눈깨비마저 추적댔지만, 고마워하며 기뻐할 그의 모습을 생각하니 차를 타고 가면서도 마음은 들떴다.

날이 꽤 저물고 나서야 병원에 도착한 나는 병실 문을 열자마자 친구를 찾았다. 하지만 그의 침대는 텅 비어있었고 왠지 모를 불안감에 나는 더럭 겁이 났다.

"조금 전 갑자기 상태가 심각해져서 검사실로 갔어요. 보호자에게 연락은 했다는데 아직 도착하지 못했을 테니 거기로 가 보는 것이 좋을 것 같네요." 주변 사람의 이야기에 들고 있던 찬합을 침대 위에 내려놓고는 검사실을 찾아 정신없이 달려나갔다. 그러나 소용없는 일이었다. 허둥지둥 내가 그곳에 도착했을 때, 이미 그는 숨을 거둔 뒤였다. 검사실 앞 복도에서 그의 처가 오기를 기다리던 나는 심한 악몽을 꾸고 난 듯 머릿속이 휑하고 어질했다. 얼마나 기다렸을까? 허겁지겁 그의 처가 달려왔다. 남편의 사망 소식에 무너지듯 비칠대는 그녀를 부축하며 병원에서 시키는 절차에 따라 장례수속을 밟기 시작했고, 영안실을 배당받아 옮겨왔을 때는 밤 10시가 훌쩍 넘어 있었다. 일을 처리하는 도중, 내가 건 전화를 받은 몇몇 동창은 벌써 도착해 있었다.

그때서야 겨우 정신을 차린 나는 비로소 병실에 놓고 온 찬합 생각이 떠올랐다. 잃어버리면 큰일이다 싶어 부지런히 병실을 찾아갔다. 그러나 허사였다. 이미 그가 쓰던 침대엔 다른 환자가 누워 있었고 주변 사람들과 간호사들에게 물어도 찬합의 행방을 아는 사람은 아무도 없었다. 집을 나설 때까지 그렇게 신신당부하던 아내를 생각하니 그저 난감할 뿐이었다.

잠시 후 나는 아내에게 전화를 걸어 갑자기 세상을 떠난 그의 소식을 전하며 애써 준비해온 음식은 그 친구에게 보여주지도 못한 채, 찬합마저 몽땅 잃어버리게 된 정황을 쩔쩔매며 길게 설명했다.

"아이! 가엾어서 어째! 앞으로 그 부인과 딸은 어떻게 산대요? 불쌍해서 이걸 어쩌누!" 아내는 떨리는 목소리로 말을 이었다. "사람이 죽었는데 찬합이 문제예요!" 아내는 잠시 말을 끊었다가 "아마 그 찬합은 당신 친구에게 전하려고 우리가 하늘로 부친 거네요. 괜찮아요. 하늘로 부친 찬합을 어디 가서 찾겠어요!" 하며 급기야는 소리를 죽여 울먹이는 거였다.

번번이 인생은 이렇듯 아프고 허망한 것인가! '아름다운 삶을 노래한다.'는 말이 왜 지금 이 순간에는 이다지도 낯설게 들릴까? 단 한 번밖에는 주어지지 않는 삶을 끝끝내 힘들고 외롭게 살다 간 그는 도대체 왜 이 세상에 왔다 간 건지? 아슴아슴 가슴을 훑고 지나가는 슬픔에 내 마음은 천근만근 무겁게 가라앉았다.

  나는 답답한 마음에 깊게 심호흡을 하며 영안실 건물 밖으로 걸어 나왔다. 그리고 진눈깨비가 그친 까만 밤하늘을 물끄러미 올려다보았다. 그러자 문득 환영幻影처럼 오색 자개 빛을 한 공작새 한 마리가 큰 날개를 펴며 까마득히 하늘로 날아오르는 모습이 눈에 어렸다. 찬합을 하늘로 부쳤다는 아내의 말 때문인지 아니면 한껏 피곤해진 내 눈 탓인지 잠시 얼보이던 그 모습은 이내 사라지고, 다시금 매섭게 차가운 겨울바람만 세차게 몰아쳤다.

민들레는 피고 지고 또 피고

칼바람이 사정없이 옷깃을 파고드는 겨울 저녁. 이제는 정말 마지막일지 모른다는 불안감에 서둘러 병원에 도착했다. "아프신 건 좀 괜찮아지셨어요? 불편하신 점은 없구요?" 병실로 들어서자마자 나는 애써 태연한척 이것저것 삼촌께 말을 건넸다. "다 괜찮다. 염려할 것 없어. 아픈 것도 그냥저냥 견딜 만하고. 자주 들락거려선지 사람들도 내게 모두 친절하더라." 읽고 계시던 책을 덮으며 약간 쉰 목소리로 담담하게 말씀하셨다.

예상했던 것과는 달리 너무 의연하신 삼촌의 태도에 나는 사실 꽤나 놀랐다. 간암으로 시한부 인생을 선고받아 이미 몇 차례 입·퇴원을 거듭했고, 병원에서도 딱히 손쓸 방도를 찾지 못해 그저 통증만을 염려해야 했던 처지를 생각하면 이렇게 멀쩡하게 나를 맞으시는 삼촌의 모습이 도대체 믿기지 않았다.

더군다나 오늘 아침엔 병세가 갑자기 심각해져서 구급차까지 불러 병원에 모시고 왔다고 하는 터라, 잔뜩 겁먹은 채 병실 문을 열었던 나는 일순 맥이 탁 풀렸다.
　긴 병에 간간이 통증이 가실 때도 있다 하지만, 그 두툼한 ≪고려사高麗史≫까지 읽고 계시는 것은 아무래도 좀 지나치다 싶었다. 오늘내일 죽음을 목전에 둔 분이, 육백 년도 훨씬 전인 고려시대가 대체 왜 궁금한 건지 이해할 수가 없어 다시 삼촌의 얼굴을 근심스레 바라보자, "그렇게 딱하게 쳐다볼 건 없다. 왔으니 가는 게 당연하지 뭘 그래! 그동안 그런대로 편안히 잘 살았어. 어려선 부모 잘 만나 남 못하는 유학도 했고, 운까지 따라 나라 벼슬도 할 만큼 했지. 덕분에 외국여행도 실컷 하고, 좋은 옷 입고 맛난 음식도 많이 먹으며 남부럽지 않게 살았으면 된 거 아니냐? 다만 욕심이 크게 없어 돈은 많이 벌지 못했다만 그 때문에 남들에게 욕은 덜 먹지 않았겠니?" 하며 엉거주춤 서 있는 나에게 침대 옆 의자를 권했다. "이제 통증은 덜하신가 봐요?" "그놈도 이제 때가 다 됐다고 판단했는지 사정을 좀 봐주는 모양이야. 그동안 그렇게 못살게 볶아 댔으니 미안도 할 테지 허허!" 조금도 기가 꺾이지 않은 모습으로 침대에 반쯤 기댄 채 빙긋 웃기까지 하셨다.
　병원 문을 나서며 도대체 지금 누가 누구를 위로하고 가는 건지 헷갈려 헛웃음이 나왔다. 간혹 떠남이 아름다운 사람이 있다더니 죽음을 마치 이웃집에 잠시 다니러 가는 것처럼 무심히 받아들이는 삼촌의 모습에선 지난 삶을 여유 있게 관조하는 편안함마저 느껴져 진정 고개가 숙여졌다.

인간에게 있어 죽음은 누구도 피해갈 수가 없다. 이 벗어날 수 없는 한계가 종교와 철학을 낳아 우리를 감싸고 위로해주지만, 결국 죽음이 모든 것을 무無로 돌려놓고 말 것이라는 허무는 어쩔 수 없는 공포를 만들고 만다. 어쨌든 언젠가 다가올 죽음을 어떤 방식으로 맞이하느냐에 따라 평생 이룬 삶의 모습이 차이가 나는 것은 아닐까.

사람들은 흔히 죽음을 모든 것의 끝이라 생각하며 산다. 하지만 삶의 끝에 이어진 죽음이 완전한 종말이 아니라 또 다른 생을 위해 크게 원을 그리며 순환하는 변화라고 생각할 순 없는 것일까. 생과 사를 그저 유유히 흐르며 계절에 따라 색깔을 바꾸는 한줄기 강물로 볼 순 없는 것인지. 그래서 아득한 시간 동안 변화를 거듭하며 끊임없이 흐르는 자연의 순리 속에 생명 있는 것들이 마침내 겪어야 할 변화 중에 하나가 죽음이라고 홀가분하게 생각할 순 없는 것인지.

아메리카 인디언 중에는 죽음을 남달리 여유 있게 받아들이는 부족이 있다고 한다. 그들이야말로 죽음을 순환의 과정 속에서 일어나는 자연스런 변화로 인식해 거기에 대한 공포나 갈등이 거의 없다는 것이다. 임종을 앞둔 할아버지가 어린 손자에게 이렇게 이른다고 한다. "사랑하는 '작은 나무'야! 내 이번 삶도 나쁘진 않았어. 하지만 다음 생은 더욱더 좋아질 거야.

이제 나는 떠날 때가 된 것 같구나. 애야! 기다리고 있으마. 다시 만나자꾸나!" 그리고 조용히 눈을 들어 마을 뒤 깊은 숲을 쳐다보며 숲속의 정령들에게 자신이 서서히 가고 있음을 노래로 나직이 읊조린다는 것이다.

이토록 편안히 맞는 인디언의 죽음은 마치 법력 높은 불교 수행자의 입적入寂하는 모습과 너무 많이 닮아있다. 더욱이 자연의 일부로 돌아갈 것을 정령들에게 알리는 노래야말로 위대한 선사禪師들이 죽음을 앞두고 남기는 게송偈頌과 무엇이 다르겠는가. 어느 날 문득 "나 이제 그만 갈라네!" 한마디 말을 남기고 앉은 자리에서 홀연 열반에 드시는 큰스님들의 모습과 확실히 통하고 있음을 느낄 수 있다. 이렇듯 자연스레 이생을 훌훌 털고 떠나는 모습이야말로 삶과 죽음을 쪼개어 생각지 않은 결과는 아닐까.

따지고 보면 삼라만상 모든 것 중에 변하지 않는 것이 어디 있으랴. 끊임없이 변화하며 또 이어져 가는 것에 우리의 생사도 매달려 흐르는 것은 아닌지. 삶과 죽음, 그것에 욕망하고 처절히 저항하는 것은 한낱 범부들이 갖는 분별심의 소산일 뿐. 때가 되면 우리 모두 헌옷을 벗고 새 것으로 갈아입듯 표표히 이 몸을 벗어야 할 것 아닌가.

삼촌은 내가 병원을 다녀온 후, 삼 일을 더 사셨다. 병원의 권유로 집으로 모신 다음, 하루 밤낮을 그 질긴 통증을 누르며 줄곧 눈을 감은 채 계시다가 누구에게도 폐를 끼치지 않고 조용히 떠나셨다는 말을 들으며 나는 고개를 끄덕였다. 연락을 받고 곧바로 찾아가 뵈니 두 눈을 꼭 감은 삼촌의 얼굴은 창백했지만 무거운 짐을 내려놓은 듯 안도감이 감돌고 평화로움마저 느껴졌다. 떠난 자와 남은 자 사이의 긴 침묵. 그 적요감이 나의 머리를 시리도록 투명하게 만들었다. 이 때 문득 사흘 전 병실에서 보았던 ≪고려사≫가 삼촌을 따라와 한쪽 구석에 아무렇게나 놓여 있는 것이 눈에 띄었다. 나는 온기가 가신 삼촌의 손을 다시 한 번 꼭 쥐어 보고는 가만히 책을 들고 삼촌의 서재로 갔다. 주인 떠난 그곳은 유난히 썰렁했다. 나는 그 책이 원래 있던 자리를 찾아 제대로 꽂아 놓고는 아무 일도 없는 듯 책장 문을 닫았다. '딸깍' 소리를 내며 닫힌 문은 아귀가 꼭 들어맞았다. 그리고 나도 모르게 참고 있던 한숨을 길게 내 쉬었다.

모든 죽음은 산 자를 엄숙하게 만든다. 아마 우리는 타인의 죽음을 통해 내가 살아온 삶의 의미를 되새기기 때문이리라. 지나온 삶의 모든 시간들이 파노라마처럼 펼쳐지며 삶과 죽음 이 둘이 아닌데 나는 어쩌자고 찢고 빻으며 번잡을 떨고 사납게 살았는지 삼촌의 미소 띤 영정을 보며 뉘우침과 아쉬움에 눈시울을 붉혔다.

매운바람은 아직 남아있지만, 어디선가 겨울의 무게를 헤집고 더디게 봄은 찾아올 것이다. 꽃이 피는 건 힘들어도 지는 건 한순간, 봄이 오면 쉬이 갈까 두렵고 꽃이 피면 곧 질까 걱정이다. 어디서 와서 또 어디로 가는지! 해마다 새로 돋는 나뭇잎처럼 봄은 수천만 년을 그렇게 속절없이 오고가고 있다.

올해도 길섶엔 노란 민들레가 피고 지고 또 피고, 하얀 홀씨가 흩어져 사라지면 어김없이 이듬해 그 자리엔 다시 여린 싹이 돋나니 돌고 또 돌며 변하지 않는 것이 어디 있으랴!

팥칼국수

이른 봄 아침햇살은 용화산龍華山 정상을 환하게 비추며 천천히 미끄러져 내려왔다. 산 남쪽으로 펼쳐진 익산 미륵사지彌勒寺址의 넓은 뜰은 봄기운이 완연했고 동서로 나뉜 연못엔 미풍으로 찰랑대는 물결이 쉼 없이 조잘댔다.

훌륭한 절터의 지세는 늘 안온하다. 미륵사지도 주산主山은 비록 힘차고 당당하지만 완만히 흘러내린 산줄기가 둘로 갈리며 삼태기 안같이 절터를 품고 있어 연꽃 속처럼 편안해 보였다. 더욱이 몇 해 전 유물전시관을 짓느라 어수선했던 모습을 기억하는 나에겐 깔끔하게 정비된 모습이 아주 상큼했다.

하지만 아쉽게도 보고자 했던 서탑西塔(국보 제11호)은 해체 보수 중이라 가건물 속에 갇혀있고, 그나마 얼마 전에 복원된 미끈한 동탑東塔이 화강석 하얀 속살을 뽐내며 멀다않고 찾아

간 수고에 보답하고 있었다.

묵은 절터는 해가 질 무렵이 아니면 아주 이른 시간에 찾아야 풍파의 흔적을 온전히 느낄 수 있다. 게다가 그 시간이래야 고즈넉함이 더해 과거로의 시간여행이 쉬워진다. 이런 사실을 이미 잘 알고 있던 터라 나는 동행한 후배의 등을 떠밀며 조반朝飯 전에 서둘러 도착했다. 그리곤 뒷짐을 지고 산책하듯 천천히 탑과 연못, 그리고 건물지와 회랑지를 한 바퀴 돌고나니 두어 시간이 훌쩍 지나갔다.

정문을 나설 때쯤엔 퍼진 햇살에 눈이 부셨고 부쩍 시장기가 돌았다. 식사를 할 요량으로 주변을 살펴보니 문을 연 식당이 보이질 않았다. 낭패다 싶었지만 별도리가 없었다. 이때였다. 길 건너 어느 허름한 집의 문이 열리며 아주머니 한 분이 '팥칼국수'라고 쓴 입간판을 내놓는 거였다. 후배는 '팥칼국수'라는 것도 있냐며 의아해 했지만, 맛있게 먹어본 적이 있는 나는 입맛을 다시며 발길을 재촉했다.

팥칼국수를 주문하자 "김치찌개도 되고 청국장도 맛있다."며 맨손으로 의자를 벅벅 훔치던 아주머니는 어서 앉기를 권했다. 그리곤 부리나케 주방을 향해 가면서도 달뜬 목소리로 연신 말을 건네며 유난히 곰살궂게 굴었다.

잠시 후, 잘 익은 배추김치와 무생채, 그리고 콩잎장아찌랑 함께 나온 팥칼국수는 김이 펄펄 나는 게 입안 가득 군침을 돌게 했다. "국산 팥이라 색깔이 아주 붉지는 않아요." 난 그게 무슨 소린지 잘 몰라 건성으로 들으며 우선 국물을 떠 입에 넣었다. 아! 근데 이게 무슨 일이람! 팥 국물에선 살짝 쉰내가 나며 새큼한 맛이 입안에 확 퍼졌다. 순간 나는 옆에 서있던 아주머니의 얼굴을 쳐다보았다. "음식이 입에는 맞는가요?" 좀 전과는 사뭇 다른 표정으로 걱정스레 묻는 말에 나는 잠시 망설였다. 그러나 곧바로 '아주 구수하고 뜨끈해서 좋다.'며 젓가락으로 국수를 건져 한입 크게 먹었다.

팥칼국수는 쉰 게 분명했다. 하지만 맛이 좋다고 흔쾌히 넘긴 가장 큰 이유는 이 정도라면 속탈은 나지 않을 거라는 확신이 있었고, 무엇보다도 시골식당 아주머니의 작은 욕심을 채워주고 싶은 맘이 불현듯 들어서였다. 게다가 찬장이 냉장고를 대신하던 어려웠던 시절 자주 쉬던 음식이 아까워 식구들 모르게 잡숫던 어머니의 얼굴이 겹쳐 떠올랐기 때문이었다. 그리고 한 가지 더 덧붙이면 이런 음식을 팔면 어떻게 하냐고 까탈을 부렸을 경우 민망해 쩔쩔매는 아주머니의 모습도 감당해내기 쉽지 않을 거라는 생각이 크게 한몫했다.

"형! 본래 팥칼국수 맛이 이런 거예요? 계속 고개를 갸우뚱하던 후배는 조심스레 물었다. "신 걸 좋아해서 식초를 넣어 먹는 사람도 봤어." 내가 시치미를 뚝 따고 식초병을 건네자 기겁을 하며 자기는 그냥 먹겠다고 손을 내저었다. 하지만 먹는 내내 후배의 얼굴은 찜찜한 표정이 역력했다.

"이것 좀 먹어봐요. 따끈한 밥과 먹으면 기가 막힌데 밥 좀 갖다 드릴까?" 장조림 한 접시를 가져와 상 위에 내려놓던 아주머니는 은근하게 물었다. 그러나 칼국수 한 그릇을 거의 다 비운 우린 한사코 고개를 가로저었다.
 값을 치른 후, 식당 문을 나섰다. "어지간히 무던한 사람들이네, 조심해서 가요." 맛있게 먹고 간다는 말에 아주머니는 따라 나오며 혼잣말처럼 인사를 했다.
 하늘은 구름 한 점 없이 맑았다. 논두렁에 마른 풀 타는 냄새가 고소하고 길가 매화나무 꽃망울은 탱탱 불어 금방이라도 벙글 듯했다. 어디선가 돌아갈 채비에 바쁜 겨울 철새의 깍깍대는 울음소리가 정겹게 들렸다.
 출발을 위해 자동차 시동을 걸던 후배는 "아무리 그래도 그렇지! 쉰 음식을 파는 사람이 어디 있어요? 그리고 형도 멀쩡한 사람을 속여 그렇게 바보 만들 수 있는 겁니까?" 격앙된 목소리로 계속 떠들어댔다.
 나는 그런 그에게 "아까 먹은 칼국수를 아직도 짊어지고 있냐?" 묻고, 난 이미 내려놓은 지 오래라고 짐짓 옛 선사禪師의 말투를 흉내 내며 그의 등을 도닥였다.
 아쉬워 바라본 미륵사지는 다시금 묵언 속 정진을 시작했고, 가타부타 말이 없는 몇 그루의 소나무는 선 채로 입정入定에 들어있었다.
 품 넓은 용화산이 '박한 끝은 없어도 후한 끝은 있는 거라.' 타이르며 우릴 감싸듯 편안히 내려다보고 있었다.

나는 이렇게 들었다

"선배님! 잘 지내시죠? 오늘 거하게 저녁 한번 쏠까 하는데……. 네. 네. 겨우 그 정도면 내가 말을 안 하죠. 오늘 두 대나 계약했고 내일 아침 하나 더 있어요. 근데 셋 다 중형차니 완전 대박이죠. 히히! 아! 네. 그럼 오늘 늦으시겠군요. 할 수 없죠. 다음번엔 꼭 한번 시간 내주세요. 아 참! 전에 소개시켜 준다던 병원장님은 잘 계신가요? 설마 그새 차 바꾼 건 아니겠죠? 아이고! 선배님 은혜 잘 알죠. 네. 네. 다음 달 초엔 확실히. 네. 그럼 편히 계세요."

바로 뒷좌석에서 하는 전화 소리라 또렷이 들렸다. 평일 오후 4시. 강남역에서 일산 가는 버스 안이다. 버스 안은 한산했다. 어린애를 안고 탄 젊은 여자와 그 뒤편에 앉은 부부, 그리고 그와 내가 전부다. 탈 때 신경을 쓰지 않아 얼굴은 못 봤지만 아마 30대 중반쯤, 중저음의 그 남자는 다시 전화를 걸었다.
"여보세요. 접니다. 그날 새벽엔 잘 들어갔죠? 네. 네. 그럼요. 전 잘 지내죠. 헤어숍은 여전하지요? 그 때 장항동 일식집 괜찮던데 오늘 어때요? 아! 네. 그럼 당분간은 힘들겠네요. 괜찮아요. 전처럼 강화도 한번 놀러가야 하는데……. 전 언제나 오케이죠. 보고 싶어 큰일 났네요. 난 여자들하고 농담 잘 안 해요. 네. 그럼 조만간 전화 주세요. 기다립니다. 네. 네. 네."
생긴 게 궁금했지만 바로 뒷좌석이라 돌아볼 수가 없었다. 그는 다시 통화를 시작했다.
"나야 인마! 너 오늘 쉬는 날이지? 수요일이잖아. 언제 바꿨는데. 그럼 너 지금 회사야? 에이 씨! 완전 조졌네. 난 네가 노는 줄 알고 걸었지. 아! 참! 너 내가 전에 말했던 그 명품가방 싸게 살 수 있다고 했지? 한번 알아봐 줘라. 미친 놈! 그런 거 아냐! 논현동 땅 형한테 주고 나니까 내게 좀 미안했겠지 뭐. 전 주에 엄마가 불러 갔더니 좀 주더라. 별거 아니야. 그러니까 술 한 잔 사겠다는 거 아냐. 야야! 전화 끊자. 회사에서 전화 들어온다. 어서 끊어, 내가 금방 다시 걸게."
버스가 세 정거장이나 지났건만 타고 내린 승객은 아무도 없었다.
"네! 권 부장님! 그렇지 않아도 지금 막 전화 드리려던 참인데 한 발 늦었네요. 둘은 계약했고, 하나는 아직. 네. 네. 계약은 분명 할 것 같은데……. 좀 더 설득해 보다가 여기서 바로 퇴근할까 봐요. 네. 염려 마세요. 제가 누굽니까? 크크! 네. 끊습니다. 잘 알겠습니다. 넵!"

버스는 이제 올림픽대로로 접어들었다.

"야! 가방 알아봤어? 할인된대? 잘됐네. 당장 주문해! 누군 누구야? 우리 회사 권 부장! 그 너구리새끼! 좋아 죽더라. 내가 오늘 두 건이나 했거든. 그건 그렇고 늘보 놈은 요즘 뭐하냐? 팔자 좋은 놈이네. 걔 전번 문자로 좀 날려 봐. 그래 알았다니까. 이따 계좌로 보낼게. 야! 가방 잊지 마! 그럼 잘 있어."

강변을 신나게 달리던 버스는 여의도를 지나자 약간 밀리기 시작했다.

"여보세요. 늘보냐? 나 알겠냐? 너 인마! 죽을래. 어쩜 그렇게 연락 한번 없냐? 골프 치러 하와이 갔었다며? 넌 팔자 아주 늘어졌구나! 전생에 나라를 구했냐? 아무튼 부럽다 부러워! 오늘 어때? 주엽역에서 술 한잔하자! 뭐야! 제사야? 아버진 요즘도 그러냐? 죽겠어도 그게 좋은 거야 마! 직장 다녀봐라. 죽을 맛이야 죽을 맛! 알았어. 할 수 없지 뭐. 담에 보자."

그는 바로 다시 번호를 눌렀다.

"야! 난데 잘 지내냐? 좋게 말할 때 클럽 그만 다녀라. 완전 죽순이라고 소문 쫙 났던데. 이 오빠가 충고할 때 말 들어. 나야 뭐! 여전히 잘나가지. 왜 요즘엔 통 연락이 없냐? 실한 놈 하나 물은 거야? 좋다고 쫓아다닐 때는 언제고. 야! 오늘 간만에 한번 놀아볼까? 내 그럴 줄 알았어. 이제 많이 컸네. 됐네요.

생각 바뀌면 연락해. 오케이!"

조용했다. 그는 한참을 그냥 갔다. 그리곤 다시 통화를 하려는지 목청을 가다듬었다.

"여보! 나야! 애들 유치원에서 데려왔어? 오늘 너무 피곤해서 일찍 들어가려고. 백석역 다 왔어. 저녁 뭐 먹을 건데. 낙지볶음이면 소주가 필요하잖아? 알았어. 마트 들러서 갈게."

이때, 처음으로 그의 전화벨이 울렸다. 황급히 전화를 받았다.

"네! 권 부장님! 어디긴요. 아직도 여기죠. 회사로 들어오라고요? 왜요? 모르겠는데요. 맨날 쓰는 것도 아닌데 그 사이트 주소를 어떻게 기억해요. 아! 그것도 지금은 알 수 없는데. 내일 출근해서 하면 안 될까요? 나 참! 알았어요. 알았어. 지금 들어갈게요."

그는 자기도 모르게 "에이! 씨!" 하고 투덜댔다. 그리고 다시 전화를 눌렀다.

"여보! 나 오늘 늦어. 완전 재수에 옴 붙었어. 집에 거의 다 왔는데 권 부장 그 자식이 회사로 오라잖아. 일은 무슨? 괜히 불러 술 한잔하자는 거지. 어쨌든 그 꼴통 때문에 나 완전 돌겠어. 먼저 자! 알았어. 내려야 해! 끊어!"

나는 차창을 통해 버스에서 내린 그를 보았다. 예상대로 남색 양복에 흰 와이셔츠 그리고 줄무늬 넥타이를 맨 회사원 차림의 보통 사내였다. 잠시 주춤거리던 그는 횡단보도의 신호가 푸른색으로 바뀌자 뛰기 시작했다.

  나는 그의 뒷모습을 보면서 요즘 사람들의 책임과 의무, 분주함과 치열함 그리고 욕망과 치기稚氣를 가늠해 보며 그 안에 도사린 허위와 위세를 엿볼 수 있었다.

  아무튼 버스 안에서 나는 이렇게 들었다. '누구에게나 산다는 것은 늘 허접하고 번잡하며 결코 녹록지 않은 거라'고. 생각사록 삶은 참 불가해不可解한 것이다.

■ 연보

1955년　서울에서 출생
1982년　동국대학교 문리과대학 국어국문학과 졸업
1998년　동국대학교 문화예술대학원(문화재 전공)
2006년　계간 ≪수필춘추≫ 여름호로 등단
2018년~현재 월간 ≪한국산문≫ 인문학·수필 강좌 강의
2018년~현재 ≪The 수필≫(도서출판 북인) 선정위원
　　　　월간 ≪좋은수필≫ 편집위원, 격월간 ≪에세이스트≫ 이사, 〈북촌시사〉회원

【작품집】
2006년　수필집 ≪아름다운 광기≫(수필춘추사) 공저
2013년　수필집 ≪여전히 간절해서 아프다≫(계간문예)
2019년　수필집 ≪모든 벽은 문이다≫(도서출판 북인)

【수상 경력】
2011년　제4회 《한국산문》 문학상 수상
2013년　제7회 《계간문예》 수필문학상 수상
2015년　제5회 《수필춘추》 현산문학상 수상
2019년　수필집 《모든 벽은 문이다》 문학나눔 우수도서 선정

현대수필가 100인선 Ⅱ· 81
조헌 수필선

추전역을 아시나요?

초판인쇄 | 2020년 9월 15일
초판발행 | 2020년 9월 25일

지은이 | 조 헌
펴낸이 | 서 정 환
펴낸곳 | 수필과비평사·좋은수필사

주 소 | 서울시 종로구 삼일대로 32길 36.
　　　　 (익선동 30-6)운현신화타워 305호
전 화 | 02)3675-5635, 063)275-4000
등 록 | 1984년 8월 17일 제28호
홈페이지 | http://www.shinapub.com
e-mail | essay321@hanmail.net

값 8,000원

ISBN 978-89-5925-284-8　04810
ISBN 978-89-5925-247-3　(전 100권)

* 저자와 협의하여 인지는 생략합니다.
* 잘못된 책은 바꿔 드립니다.